福岡よくばり散歩

この景色が見たい！

体験活動協会ＦＥＡ理事長
谷 正之

海鳥社

はじめに

おかげさまで半世紀近く、幼児から高齢者を対象に、野外活動の指導、魅力のあるハイキングコースづくり、身近な自然の再発見などに日夜励んでいます。

活動を行っているさなか、参加者から「福岡のどこに行けば素敵な自然と出会えますか？　情報がなくて……」と尋ねられることがしばしばあります。インターネットの発達で情報は溢れているものの、どのように入手すればいいか分からない人が多いようです。整理された情報がないことも、その要因かもしれません。

そこで、誰でも訪れることができ、「満足」「感動」を得ることができる自然景観を紹介できればと思い立ちました。

ちょうどそのとき、読売新聞西部本社様とのご縁で、2019年4月から1年間、「ふくおか自然巡り」の連載の機会を得ました。その記事を修正・加筆し、写真を多く取り入れ、ガイドブックとしてまとめたものが本書です。

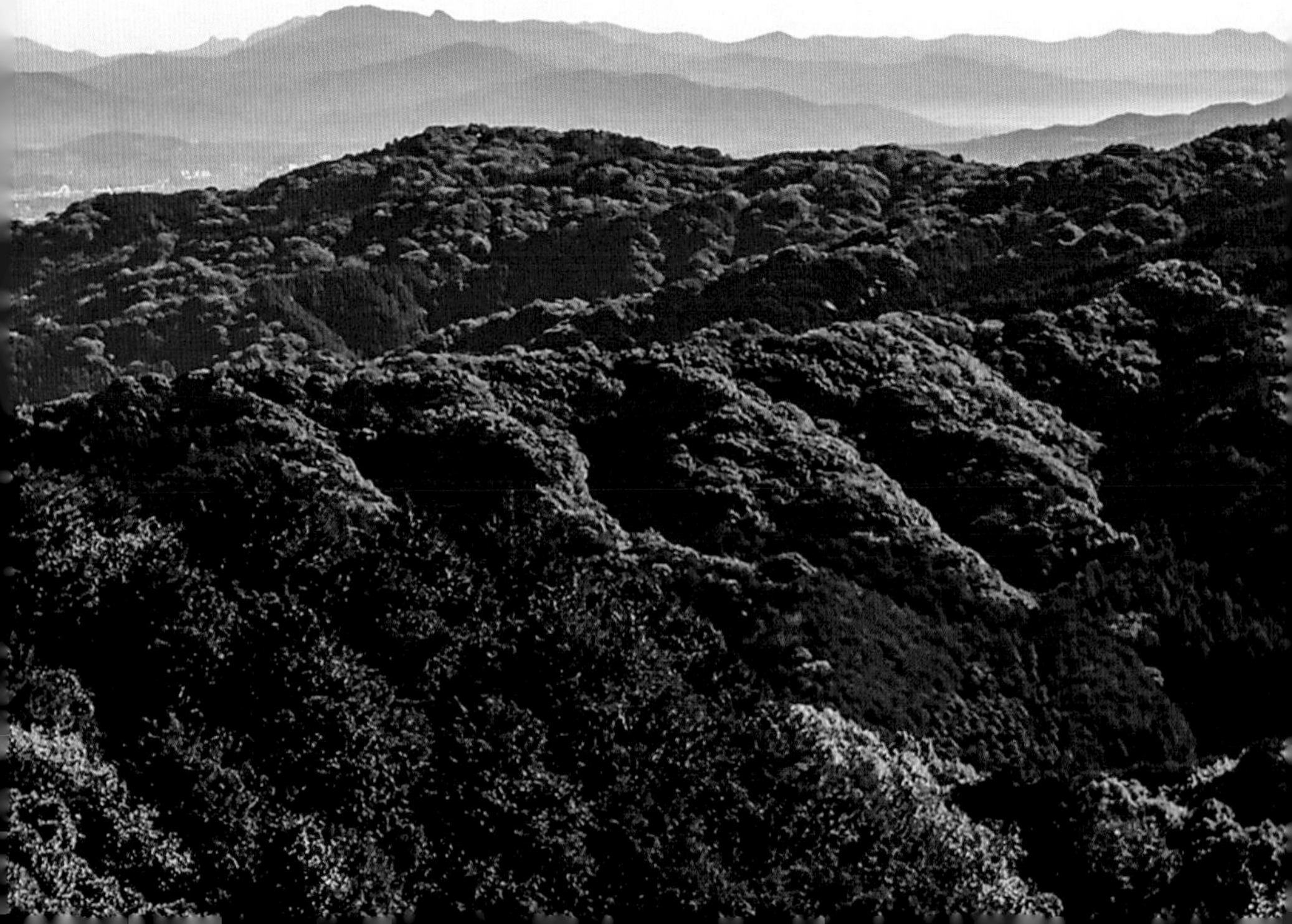

皆さんに親しんでいただけるよう、専門用語はなるべく避け、歴史や文化についても簡潔な説明を心がけました。なお、自然度が高い場所や国の天然記念物、貴重な史跡であっても、近寄れない、足元が悪い、体力が必要な場所にあるものは除きました。

地元の方に、自然と親しみ、その良さに気づいてもらうとともに、県外の方々にも、福岡の自然や歴史、文化を理解していただく一助になればと願っています。

福岡には豊かな自然がまだまだ残っています。それも思いもよらぬ身近な所に。

最後に、新聞連載のきっかけを作ってくださった読売センター田隈店の鎌田英二さん、連載担当の読売新聞西部本社社会部地域・生活課の堀家路代課長、影で協力してくださった中村学園大学を中心とするＦＥＡ福岡学生リーダー会の皆さまにはお世話になりました。そして、出版を決断された海鳥社の杉本雅子社長、田島卓取締役には、心よりお礼を申し上げます。

体験活動協会ＦＥＡ理事長　**谷　正之**

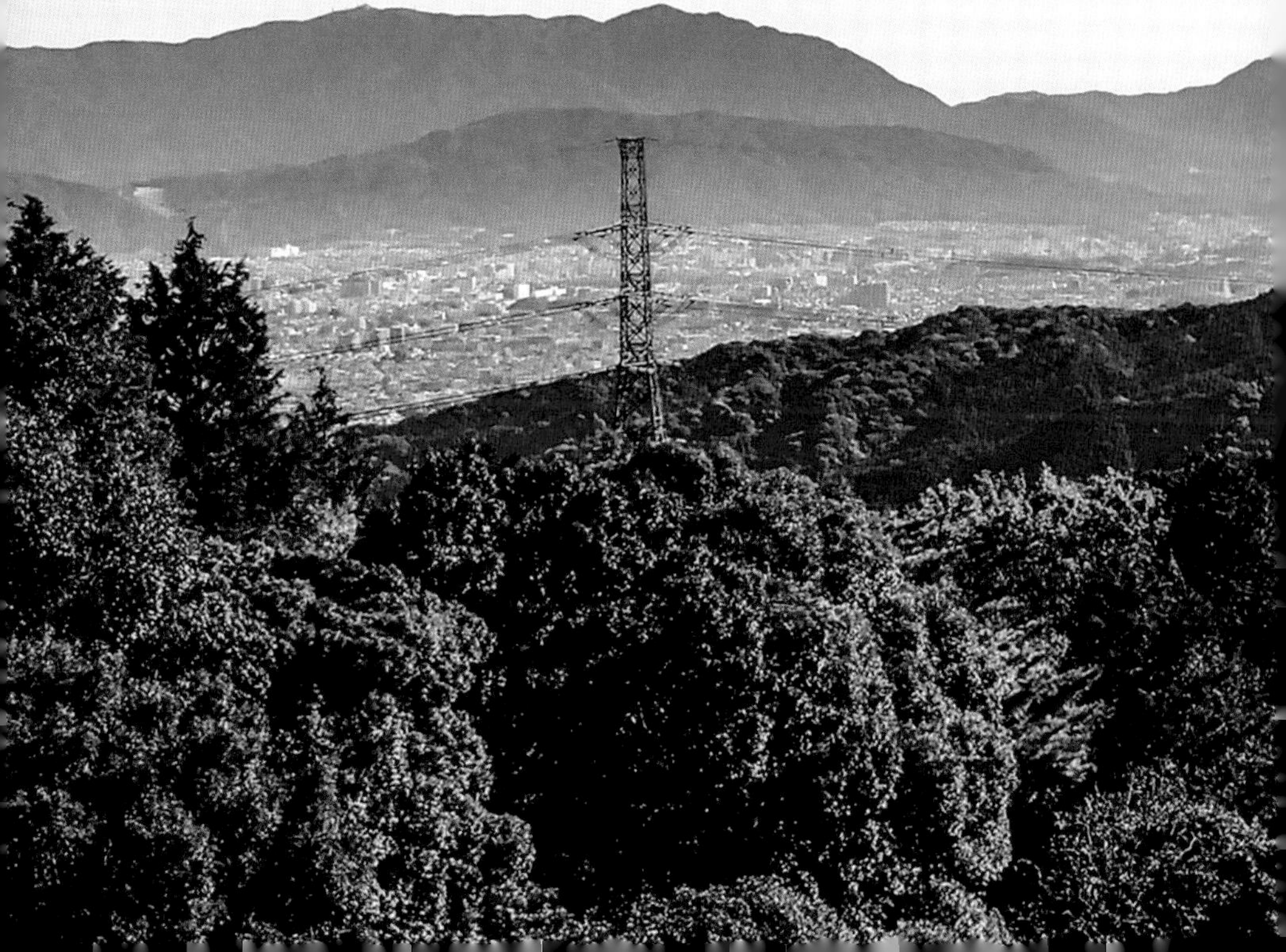

左：新宮・津屋崎の海岸線／前頁：油山の吊橋からの眺望

目次
Contents

北筑後地区

南筑後地区

筑豊地区

北九州地区

京築地区

遠見ヶ鼻の地層

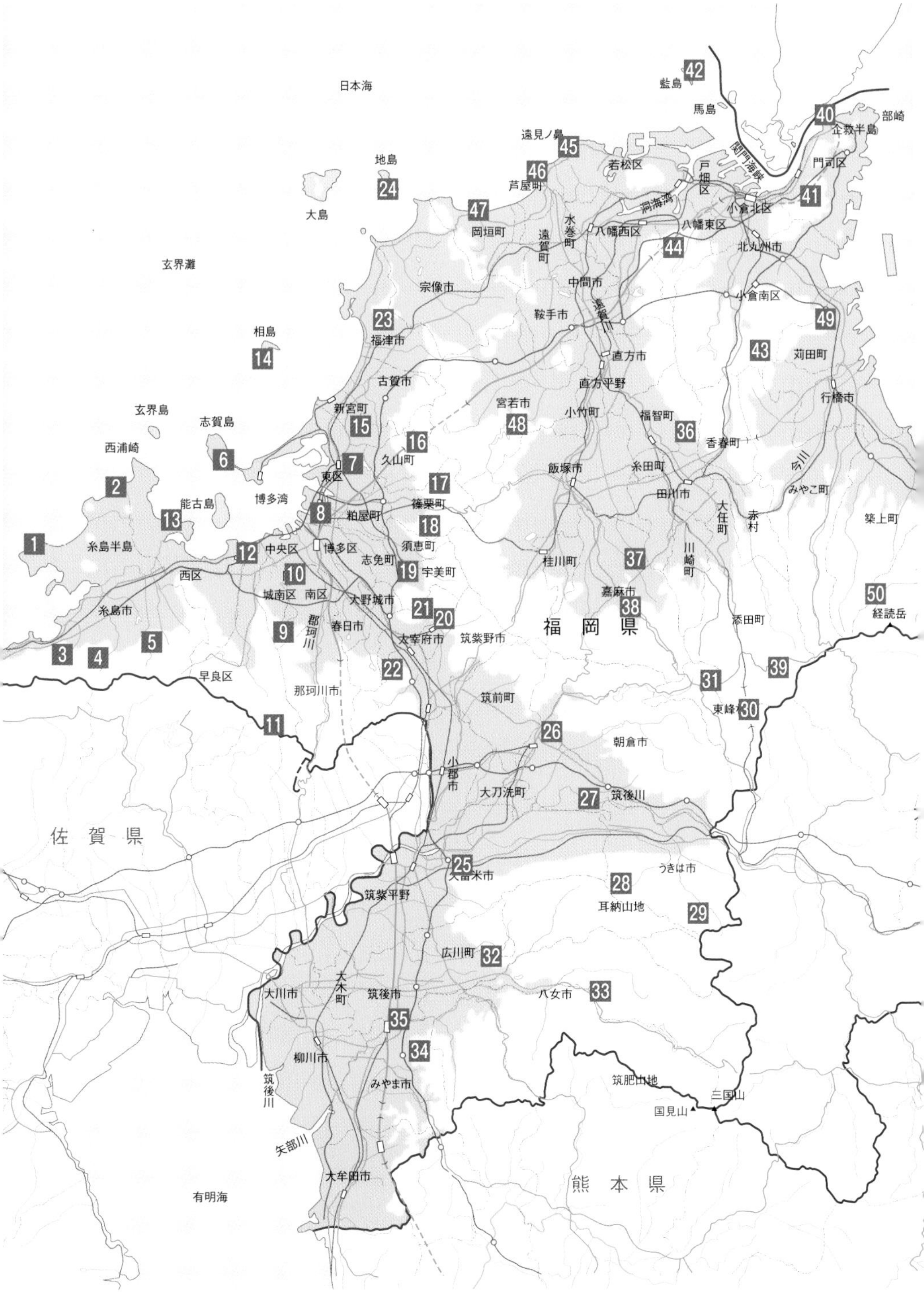

日本海
藍島
42
馬島
40
部崎
企救半島
関門海峡
遠見ノ鼻
45
若松区
戸畑区
門司区
地島
46
芦屋町
洞海湾
41
24
小倉北区
47
大島
岡垣町
遠賀町
水巻町
八幡西区
八幡東区
44
北九州市
玄界灘
宗像市
中間市
小倉南区
23
鞍手市
遠賀川
49
相島
福津市
43
14
直方市
苅田町
古賀市
直方平野
行橋市
玄界島
宮若市
新宮町
小竹町
福智町
志賀島
15
48
36
16
香春町
西浦崎
6
7
久山町
今川
東区
飯塚市
糸田町
2
17
能古島
博多湾
篠栗町
田川市
みやこ町
大任町
赤村
13
8
粕屋町
築上町
18
1
糸島半島
12
中央区
博多区
須恵町
川崎町
志免町
37
桂川町
10
19
宇美町
西区
城南区
南区
大野城市
嘉麻市
50
糸島市
21
38
経読岳
20
郡珂川
春日市
添田町
福岡県
9
5
太宰府市
筑紫野市
3
4
22
39
早良区
31
那珂川市
筑前町
東峰村
30
11
26
朝倉市
小郡市
大刀洗町
27
筑後川
佐賀県
25
うきは市
久留米市
28
筑紫平野
耳納山地
29
広川町
32
大木町
大川市
筑後市
八女市
33
35
34
柳川市
筑後川
みやま市
筑肥山地
三国山
国見山
矢部川
熊本県
大牟田市
有明海

本書の利用について

■福岡県教育事務所の管轄を参考に県内を8地区に分け、自然景観が良好なコースを50カ所選定した。

■サクラ、フジ、アジサイ、ハナショウブなど、観賞用に植栽された植物だけの自然景観は対象外とした。

■自然景観だけでなく、史跡や歴史、文化など、福岡の魅力を知ってもらえるように工夫した。

■小さな子ども連れ、中高年など、老若男女を問わず、誰でも使えるように心がけた。

■自然景観を眺めに行くだけではなく、歩き回ることができるコースとした。

■どのコースも、なるべく巡りやすく、足元のよいルートを選んだ。

■コース図は、歩きやすくするためオリジナルのものを作成した。

■本文中に目安となる歩行時間、水平距離、標高などを必要に応じて掲載した。

■歩行時間は、実際に案内した一般中高年者の歩行時間を採用した。

■水平距離は、道の傾斜を加味しない距離を意味する。

■標高は、国土地理院地形図の数値、または等高線から割り出し、小数点以下は切り捨てた。

■「分岐」は道が分かれる所、「交点」は道と道や川が交わる所を意味し、すべて書き込むと分かりづらいので、必要なものだけにとどめた。

■「展望適地」とは、展望に適した所で、その場所には表示物がほとんどないので注意してほしい。

■健脚向けのルートや、時間に余裕がある人向けのルートを「別ルート」として紹介した。

■そのコースを歩く場合の留意点や周辺スポットなどについて「一口メモ」として説明を加えた。

■写真はすべて、体験活動協会FEAが調査及び参加者を引率したときに撮影したものを用いた。

■山道を歩くコースでは、山歩きに適した服装と装備を準備して出かけてほしい。

■社会変化が著しい昨今、交通機関や現地の状況を確認のうえ訪れることが望ましい。

この景色が見たい！

福岡よくばり散歩

1

糸島市

芥屋の海岸

美しい砂浜と芥屋の大門 自然を満喫する3コース

芥屋海水浴場（奥は立石山）

福岡県西部に位置する糸島半島は、伝説上の麒麟《きりん》の顔が左を向いたような形をしている。その鼻の部分に芥屋《けや》の海岸があり、そこでは素晴らしい自然景観を堪能できる。芥屋の大門《おおと》は、玄武洞《げんぶどう》（兵庫県）、屋形石《やかたいし》の七ツ釜（佐賀県）とともに、日本三大玄武洞と呼ばれ、その中でも最大を誇る国の天然記念物だ。芥屋海水浴場は、環境省の「快水浴場百選」にも選ばれて

スタート地点となる芥屋海水浴場の駐車場

いる。拠点を定め、自然を満喫することができる3つのコースを紹介する。

車でJR筑肥《ちくひ》線「筑前前原《ちくぜんまえばる》」駅から北西へ。12㎞程走ると、芥屋海水浴場の駐車場に着く。トイレも完備。ここを拠点に歩いてみる。

まずは、芥屋の海岸を一望できるコース。舗装された平坦な道を松原天神社の方へ向かう。天神山溜池から先は、少し木陰の上り坂になる。ヤシャブシなどの樹木、初夏はタツナミソウの花が目にとまる。35分程で登山口Aに着く。標高は１３０ｍ。ここから北側を展望できる。歩かずに車でここまで来て駐車してもいい。10分程上るとピークに着く。展望は抜群だ。可也山《かやさん》、脊《せ》振《ふり》山地から虹《にじ》の松原、姫島《ひめしま》まで見渡せる。眼下に芥屋海水浴場、芥屋の大門を見下ろせる。立石山《たていしやま》（２０９ｍ）へは8分程。

次は、山歩きを楽しむコース。芥屋海水浴場の方へ行く。夏以外は海の家もなくて人影も少なく、白砂と美しい海をゆったり観賞できる。出発して10

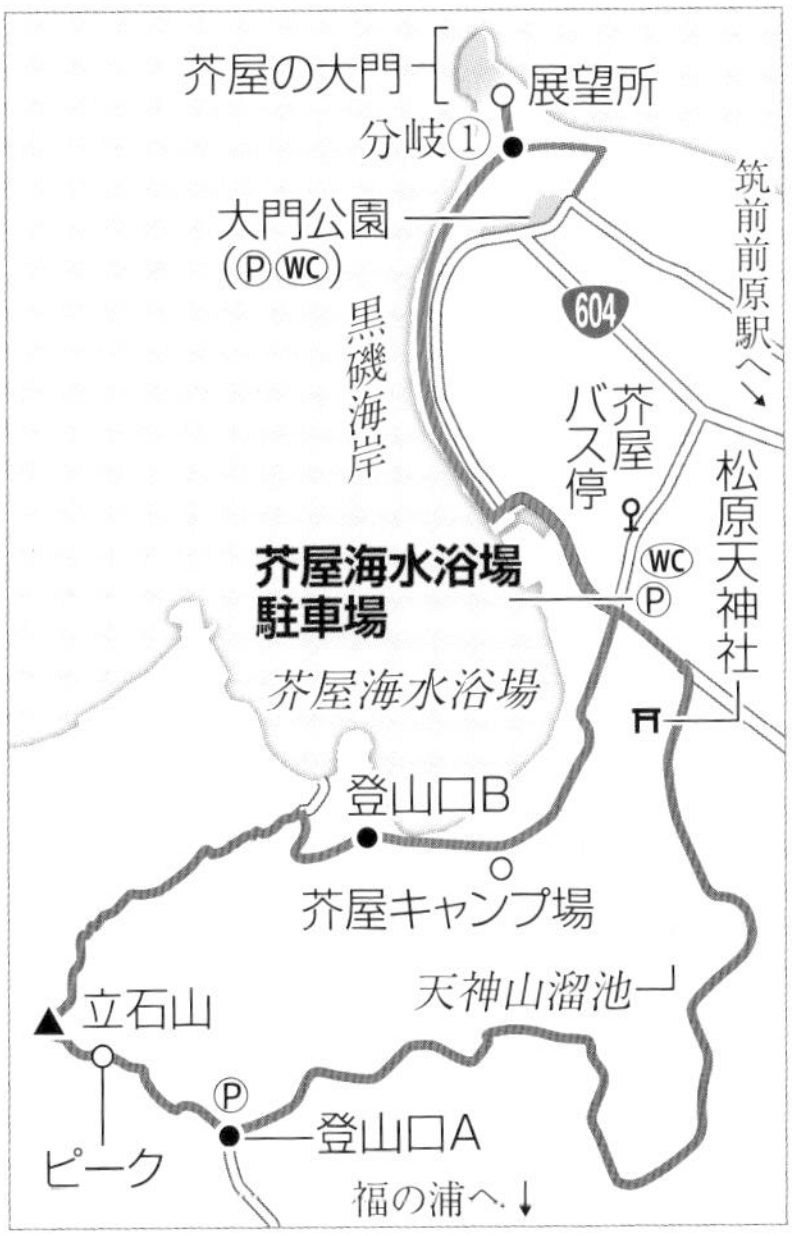

芥屋の大門と芥屋海水浴場方面（ピークより）

分程で海水浴場の西端にある登山口Bに着く。ここから花崗岩《かこうがん》が露出した傾斜がある山道を上る。ハマビワなど海洋性樹木やシダ類を目にする。途中、展望できる所はいくつもある。やがて登山口Bから40分程で立石山に着く。

　最後は、芥屋の大門周辺の自然と触れ合うコース。北西へ進み、遊覧船乗場の先から左へ入り、黒磯《くろいそ》海岸沿いを北へ。玄武岩の小石が多い遊歩道を歩く。ハマユウ、ハマヒルガオなどが群生する。段々と巨大な三角錐の芥屋の大門の西側に近づく。六角形などの柱状の岩の割れ目がくっきり見えてくる。分岐①は左に曲がる。ハマヒサカキなどの自然林の山道を上る。歩き始めて20分程で展望所に着く。芥屋の大門を間近に眺めることができる。これ自体、大門神社の祠《ほこら》でもある。大門公園に駐車し、芥屋の大門の展望所に行くこともできる。公園から徒歩約8分。

展望所（芥屋の大門近く）

　紹介した3コースは1日で巡ることができ、芥屋海水浴場の駐車場近辺の食事処などで食事をとることもできる。

【一口メモ】遊覧船を利用すれば、海蝕《かいしょく》によってできた芥屋の大門北側の洞窟内を見学できる。営業期間は例年3月から11月頃まで。

芥屋の大門（西側）

2

糸島市

桜井二見ヶ浦

県内屈指の人気スポットを ゆるりと見て回る

上：夫婦岩／下：ハマエンドウ

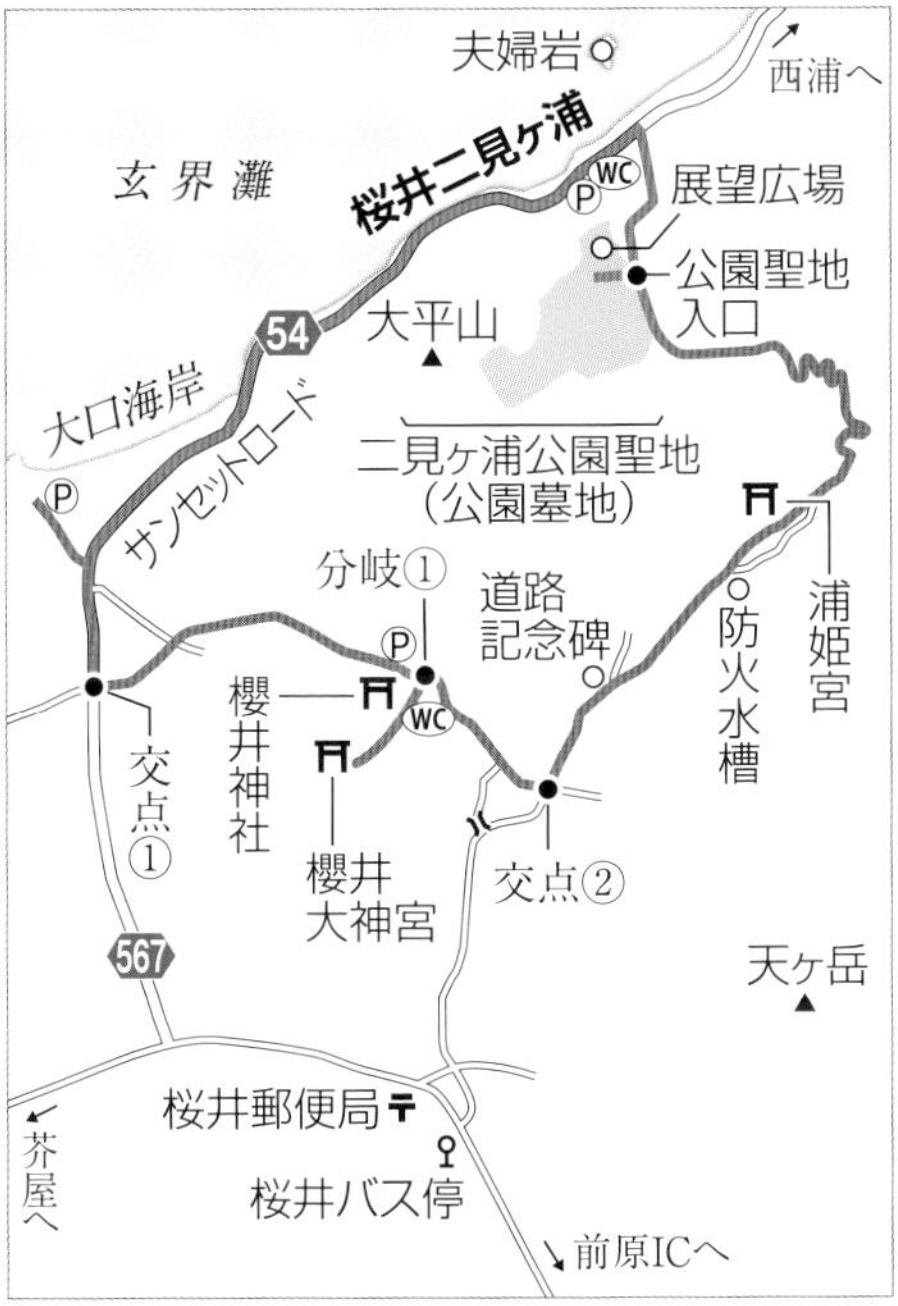

糸島半島西側の海岸線沿いに約33㎞にわたって延びるサンセットロード。その東端に桜井二見ヶ浦《さくらいふたみがうら》がある。ここは櫻井《さくらい》神社の飛び地の宇良宮《うらのみや》で県指定の名勝だ。三重県伊勢市の「朝日の二見浦《ふたみがうら》」に対し、「夕日の二見ヶ浦」として有名で、「日本の夕陽百選」に選ばれている。櫻井神社（櫻井神社と櫻井大神宮の総称）なども含め巡ってみよう。

西九州自動車道「前原《まえばる》」ＩＣから車

で14㎞ほど北進すると桜井二見ヶ浦に着く。駐車場、トイレがある。ここから歩き始める。沖に目を移すと宇良宮のご神体の夫婦《めおと》岩が間近に見える。右が男岩、左が女岩で、2つの岩は大しめ縄で結ばれている。縁結び、夫婦円満の象徴とされ、観光客も多い。舗装された平坦な道を玄界灘沿いに西へ。初夏はトベラ、ハマエンドウなどの花が群生する。

緩い坂を上り浜辺に向かう分岐を右へ。駐車場から25分程で大口《おおくち》海岸に着く。水がきれいな砂浜で、サーファーの姿も見かける。

上：櫻井神社の楼門と神社林／下：太鼓橋とスギの大木

分岐に戻り南へ行くと、櫻井神社への誘導標識がある交点①に着く。左折して平坦な道を東へ。のどかな雰囲気の道になる。大口海岸から20分程で分岐①に着く。右に入ると櫻井神社の境内になる。駐車場、トイレがある。

慶長15（1610）年の豪雨により岩戸神窟（境内の岩戸宮がある所）が初めて開き、神が現れたことを崇拝した福岡藩2代藩主・黒田忠之《ただゆき》が、寛永2（1625）年に伊勢神宮ゆかりの櫻井大神宮を、寛永9年に現在の櫻井神社を創建したとされる。敷地内はスギ、ヒノキが大半だが、クスノキ、イチョウ、スギの大木も点在し、夏でも木陰は涼しい。櫻井神社の本殿、拝殿、楼門は令和5（2023）年に国指定重要文化財になった。

分岐①に引き返して東へ向かい、交点②は左へ。道なりに北東へ上ると浦《うら》姫《ひめ》宮に着く。分岐①から20分程。伝説によれば、岩戸神窟が初めて開いた夜、浦新左衛門毎治《つねはる》の妻が神のお告げを受けて修行に励み予言力を修得し、浦姫様と呼ばれるようになった。黒田忠之も難問が起こると相談したとのこと。

　浦姫宮からさらに北東へ進み、短い蛇行の坂を上る。下り坂になると「公園聖地入口」も近い。左に曲がり坂を上ると、浦姫宮から20分程で展望広場に到着する。

　ここから南に天《てん》ヶ《が》岳《だけ》、西に大平山《おおひらやま》を、北は遠方に小呂島《おろのしま》、壱岐島《いきのしま》と眼下に桜井二見ヶ浦を見下ろせる。

　公園聖地入口に下り北へ行き、分岐を左へ折れると8分程で駐車場に帰り着く。歩き回らず所々で車を止め見学するのもいいだろう。

【一口メモ】6月の夏至頃、夫婦岩の中央に沈む夕日を眺めるのは格別だ。

浦姫宮

桜井二見ヶ浦（展望広場より）

巨岩の上から望む
360度の大展望

国見岩

3 二丈岳の国見岩

糸島市

佐賀県との境界を東西に延びる脊《せ》振《ふり》山地から、玄界灘側に少し突き出た位置に円錐形の山がある。これが二丈岳《にじょうだけ》（711m）だ。その昔、二丈岳城、深江岳城と呼ばれた山城跡で史跡も残存する。とくに巨大な国見岩が印象的で、岩の上から絶景が拝める。

福岡市内から車で国道202号を唐津方面へ。JR筑肥《ちくひ》線の「筑前深江《ちくぜんふかえ》」駅を過ぎ、「二丈渓谷」「加茂《かも》ゆらりんこ橋」の誘導標識が立つ分岐①を左へ折れる。舗装道の上り坂を走り、加茂ゆらりんこ橋を通り過ぎ、分岐②を左に入る。道幅が狭い林道なので気をつけて運転する。やがて木陰を抜け、辺りが明るくなる。木《き》の香《か》橋を渡ると、真名子《まなご》木の香ランドの研修棟前に着く。

筑前深江駅から9km程。標高は420mになる。広い駐車スペースとトイレがある。この周辺にはカエデなども多く、秋は紅葉がきれいだ。春先にはフデリンドウの花も咲く。

明神の滝

すぐ近くにある登山口から上り始める。アカガシやマテバシイの雑木林が終わると、スギ、ヒノキの植林帯に変わる。ヤマガラや初夏にはツツドリが飛来する。秋はコシアブラの蛍光色のような薄黄色の紅葉が目にとまる。

目の前が明るくなり、まもなく分岐③に着く。開けた平坦地にあるので、ひと息つくにはちょうどいい。

斜面がきつくなるので、急がずゆっくり踏みしめながら足を運ぶ。植林帯と自然林の境に辿り着くと、頂上まであとわずか。シロモジなど紅葉する樹木も多くなる。登山口からおよそ45分で二丈岳の頂上に到着する。

上り詰めて右側に、山城の石塁が残っている。正面に見える灰白色の巨岩が国見岩だ。岩肌がざらざらして滑りにくいので、てっぺんまで上がれる。岩の上から西に唐津湾方面、北に姫島《ひめしま》や可也山《かやさん》、東に脊振山地、南に佐賀県の山々など、360度の展望が得られる。視界がよければ壱岐島《いきのしま》も見える。

登山口へ戻って加茂神社に行き、二丈渓谷を少し下った所に明神《みょうじん》の滝がある。徒歩25分程。優しく包み込んでくれそうな雰囲気があり、とくに新緑や紅葉の時期は心地よい。

【別ルート】体力に自信がある人は、JR「大入《だいにゅう》」駅から歩くのもいいだろう。加茂ゆらりんこ橋まで約3・5㎞。ここにも駐車場とトイレがある。橋を渡り、二丈渓谷沿いに山道を上る。深い谷ではないので渓流に近づき、川の水に触れることができる。途中、雨宿りに使われたという「家の石」などもある。橋から登山口まで60分程見ておくといいだろう。

【一口メモ】訪れるときは、山歩きに適した服装と携行品の準備を忘れずに。

唐津湾方面の眺望（国見岩の上より）

羽金山の白糸の滝

マイナスイオンを浴びて 絶景の山頂を目指す

羽金山越しのご来光（二丈岳の国見岩より）

糸島市と佐賀県の境にある羽金山《はがねやま》（900ｍ）のなだらかな山頂に、全長200ｍの電波塔がそびえている。日本標準時のデータを送信する、はがね山標準電波送信所のアンテナで、日本では大鷹鳥谷山《おおたかどややま》（福島県）とここの2カ所にしかない施設だ。羽金山の中腹には、福岡県指定の名勝で、「快適な環境スポット30選」にも選ばれている白糸《しらいと》の滝がある。ハイキングがてらに羽金山まで歩くのもいいだろう。

　マイカーで西九州自動車道の「前原」ICから県道12号に入り南へ。「八反田《はったんだ》」交差点から長野峠へ向け6㎞程坂を上ると、林道Aと交わる交点①に着く。標高は300ｍ。すぐそばの駐車場に止めて歩き始める。駐車場の看板に「滝まで約1・3㎞」とある。舗装された道を南へ上り分岐①は右へ。「白糸の滝遊歩道専用駐車場」の看板がある。ここに駐車してもよい。春はフデリンドウ、秋はツリフネソウなどの花が群生する。カワガラスを見かけることも。橋を渡り左へ折れ、渓流沿いの山道を心地よく上る。歩き出して30分程で白糸の滝に着く。ここで標高490ｍ。

ふれあいの里

白糸の滝

ヤマルリソウの群生

滝の落差は約24ｍとのこと。黒い岩盤には多数の断層があり、その間を縫って流れ落ちる幾筋もの水は、まさに白糸のようだ。季節や天候によって違う姿を見せてくれる。夏は水しぶきが気持ちいい。

滝のそばの「ふれあいの里」には、広い駐車場、トイレ、食事処がある。昔からそうめん流しは有名だ。白糸の滝まで林道を通って車で上ってくることもできる。林道Aは林道Bより道幅が狭いので注意を。

怡土《いと》の七大寺のひとつでインド僧・

清賀《せいが》上人《しょうにん》が建立した小蔵寺《おぐらじ》そばの休憩所付近から、糸島半島の山と平野、能古島《のこのしま》、奥に宗像四塚《よつづか》連峰などを展望できる。晩秋にはケヤキ、カエデ、イチョウなどの紅葉が景観に彩りを添える。6月下旬頃のアジサイの花も見応えがある。

小蔵寺

ここから羽金山に行くことができる。舗装道で傾斜が緩い坂を道なりに上る。春はヤマルリソウやスミレの仲間などが群生する。白糸の滝から30分程で「デッカ橋」を通過する。初夏にはカッコウの仲間、運がよければオオルリとも出会える。途中から、正面に巨大な電波塔が見え隠れする。デッカ橋から50分程で送信所入口に着く。

山頂は柵で囲まれた敷地内にあるので、インターフォンで係員に連絡し中に入る。5分程歩くと羽金山の頂上に到着する。脊振山地の山々、玄界灘の島々、佐賀県の天山《てんざん》などを眺めることができる。

【一口メモ】送信所内には管理の関係で、一度に入れる人数に制限がある。あまり長くは滞在できず、火器の使用は禁止されているので心得ておく。

雷山〜脊振山（羽金山頂上より）

5

糸島市

雷山の社寺林

巨木に見守られながら
２つの社寺を訪ねる

雷神社社殿前に並び立つ観音杉

分岐①（左へ）

糸島市の南部、脊振《せふり》山地のほぼ中央に位置する雷山《らいざん》（955m）。その中腹には雷神が祀られた雷《いかづち》神社があり、老樹が境内に神秘的な空間を醸し出している。近くにはインド僧・清賀《せいが》上人《しょうにん》が開山したと伝わる雷山観音（雷山千如寺大悲王院《せんにょじだいひおういん》）もある。ここでは、福岡藩6代藩主の黒田継高《つぐたか》が大悲王院を建立した際に植樹したと伝わる大カエデをはじめ、大樹を見ることができる。これらの社寺の木立を観賞しながら、雷山の中腹を巡る。

マイカーで西九州自動車道「前原」ICから県道564号に入り南へ。「三坂」交差点からさらに南へ3㎞程上り、雷山観音の一般者用駐車場に止める。標高は300m。トイレもある。ここから歩き始める。

舗装道を南へ5分程上ると分岐①がある。左に折れ木陰に入り、渓流沿いに雷山自然歩道を上る。清賀《せいが》の滝まで

清賀の滝

中段：雷神社
下段：モミノキ

要所に誘導標識がある。

春はシャガの花が咲き乱れる。すぐの2つの分岐はそのまま南へ。土道に変わり、苔むした木々と岩の中を歩く。初夏はカッコウなど夏鳥の鳴き声がこだまする。

舗装された道との交点が2回出てくるが、真っ直ぐ南へ上る。まもなく清賀の滝（480m）に到着する。分岐①から30分程。開けた平坦地でベンチがあり一息つける。夏は涼風が気持ちいい。

道幅が広い舗装道を北西へ下る。すぐの分岐は左へ。次の分かれ道はその

まま直進する。清賀の滝から20分程で雷神社（380m）に辿り着く。駐車場、トイレがある。

神社の道路寄りに観音杉が2本そびえている。どちらも高さ約32m、樹齢約1000年、幹周りもほぼ同じ太さだ。社殿右には樹齢約900年のイチョウがある。この3本は県の天然記念物に指定されている。この他、高さ約28mのモミノキ、樹齢400年以上のカエデなど老木が顔をそろえている。

神社から東へ向かい渓流に沿って山道を下ると、15分程で分岐①に戻る。遠回りになるが、舗装道を北へ下ることもできる。分岐①から数分で雷山観音（350m）に着く。

拝観料を納め入場する。すぐ目の前に県指定天然記念物の大カエデが現れる。枝の広がりは見事だ。境内には所々にカエデがあり、紅葉はもちろん新緑の季節も美しい。スギやイチョウの大樹も印象に残る。

雷神社、雷山観音の自然景観だけを楽しむのであれば、境内のそばにそれぞれ駐車場があるので、そこに駐車して散策する。

［一口メモ］紅葉シーズンは、雷山観音へ多くの人が足を運ぶ。訪れる時期や時間帯に配慮すると混雑を回避できる。

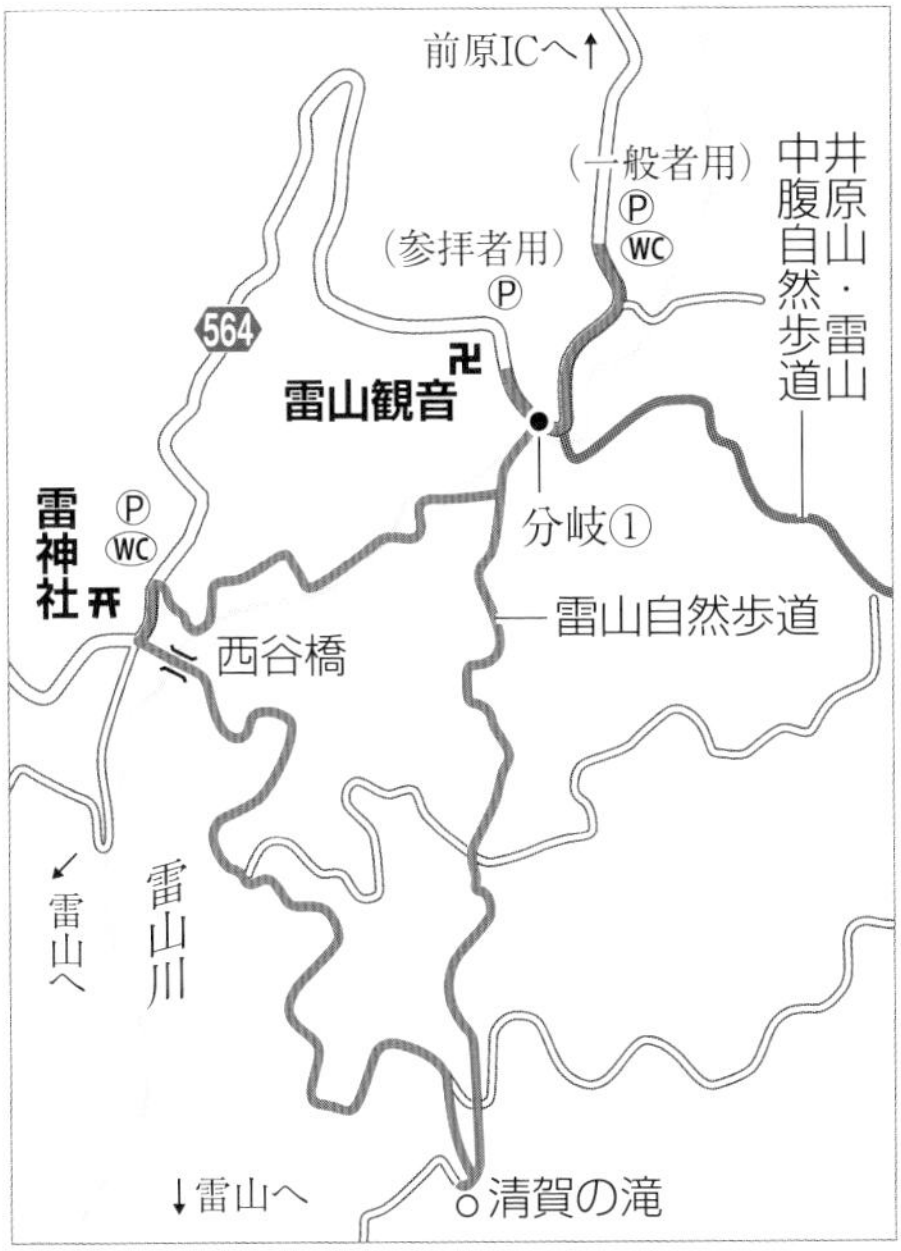

6

福岡市東区

海の中道と志賀島

志賀海神社

海《うみ》の中道《なかみち》は、福岡市東区和白《わじろ》から志賀島《しかのしま》まで、福岡湾を抱きかかえるように延びている。沿岸流で運ばれた砂が堆積してできた砂嘴《さし》で、「日本の白砂青松百選」にも選ばれている。海の中道で陸続きの志賀島は、後漢《ごかん》（中国）の光武帝《こうぶてい》が奴国《なのくに》の使者に授けたとされる金印の発見地として有名だ。

国道3号からマイカーで志賀島を目指す。途中から沿道に防風林のクロマツが続く。海の中道海浜公園を過ぎると、海の中道に2つしかない丘陵である大岳（41m）と小岳（21m）が道路の右と左に現れる。まもなく海の中道で一番狭い部分に架かる志賀島橋を渡る。橋から波の荒い玄界灘と穏やかな福岡湾の対照的な姿を見ることができる。

橋を渡り終え右へ。志賀海《しかうみ》神社下の駐車場に止めて歩く。終始、舗装道だ。西鉄バスで来るときは「志賀島」で下車。博多ふ頭から福岡市営渡船で志賀島渡船場に渡ることもできる。バス停、渡船場から神社下まで徒歩約7分。神社下から石段を上り境内に入る。

まずは志賀海神社から潮見《しおみ》公園へ向かう。海の守護神である綿津見三神《わたつみさんしん》を祀る志賀海神社は、全国の海神《わたつみ》の総本社だ。境内には保存樹が多く、亀石遥拝所から展望も得られる。

境内を通り抜け、坂道を北上する。「潮見《しおみ》公園」へ向かう標識がある分岐①は右へ。木陰の潮見林道を上る。

蒙古塚

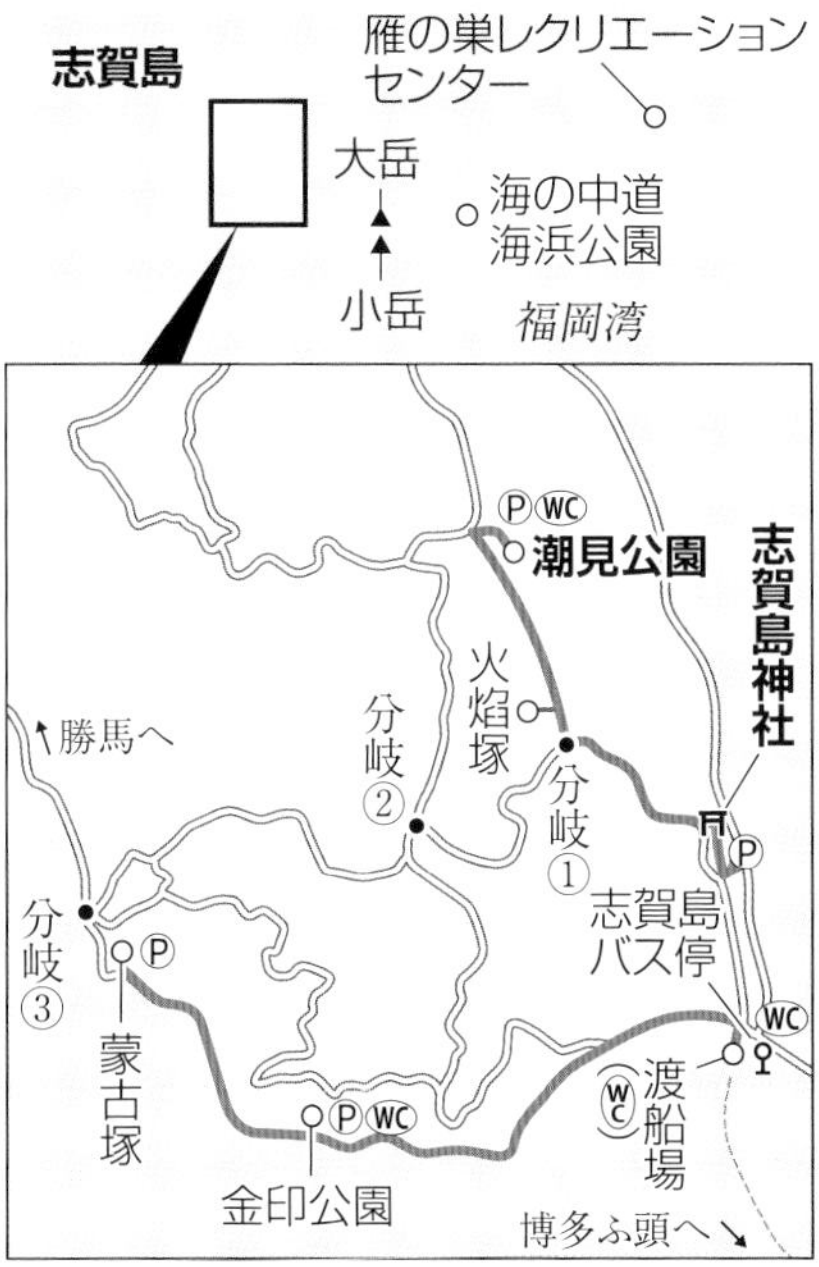

蒙古軍の降伏を祈禱《きとう》した火焔塚《かえんづか》の入口を通り過ぎる。マテバシイなどが目立つ。神社の境内から30分程で潮見公園に着く。駐車場、トイレもある。ここまで歩かず車で来ることもできる。その場合、分岐①は左へ向かい、分岐②を右へ行き公園の駐車場に止める。

展望台からは、とくに志賀島橋と海の中道、福岡湾全体を見渡せる。朝日や夕日を拝むのにもいい所だ。

次は、渡船場から海岸沿いを西へ向かう。イソヒヨドリの姿も見かける。歩いて20分程で金印公園に着く。駐車場、トイレがある。出土した「漢委《かんのわの》奴国王《なのこくおう》」と彫られた国宝の金印は福岡市博物館に展示されている。金印公園から10分程歩くと、蒙古兵を供養するために建立された蒙古塚《もうこづか》がある。ここにも駐車場がある。

【別ルート】蒙古塚から潮見公園まで歩くのもいい。蒙古塚の先を曲がってすぐの分岐③を右へ入り、木陰の道を上り、分岐②を左へ行き、潮見公園へ。蒙古塚から徒歩約50分。標識はあまり整備されておらず、分かれ道も多いので注意を。

【一口メモ】1 渡船場近くには食事ができる店もある。2 新宮町の立花《たちばな》山《やま》（367ｍ）の頂上から、海の中道と志賀島を一望できる。

海の中道と志賀島橋（潮見公園展望台より）

7

福岡市東区

香椎宮の神社林と名水

クスノキの参道を抜けて伝説が息づく名社へ

上：クスノキ並木の参道
右：本殿区域内の大樹

神《じん》功《ぐう》皇后が夫の仲哀《ちゅうあい》天皇を祀ったのが起源とされる香椎宮《かしいぐう》。現在は天皇・皇后共々、本殿に主祭神として祀られている。今でも10年に一度、天皇の勅使が遣わされる神社である。

仲哀天皇の古宮《ふるみや》跡には「香椎」の地名の起こりとなったといわれるご神木が残る。クスノキ並木の参道から境内のイチイガシ林、飛び地の名水まで歩いてみよう。

ＪＲ香椎駅から徒歩約6分、西鉄香椎宮前駅から2分程でＪＲ鹿児島本線の踏切に着く。踏切を渡り、県道24号の舗装された平坦な道を東へ。この参道は勅使が通る道であったことから勅《ちょく》使道《しどう》ともいう。ここからクスノキ並木が８００ｍ程続いている。木陰は夏でも涼しい。

踏切を越してすぐ右奥に仮の宮の頓《とん》宮《ぐう》と万葉歌碑がある。踏切から10分程で一の鳥居に着く。境内に入ってすぐ左に弁財天社《べんざいてんしゃ》としょうぶ池がある。ハナショウブは6月が見頃。二の鳥居、楼門をくぐると中門前の広場に着く。

門前に香椎宮のご神木の綾杉《あやすぎ》がある。神功皇后が凱旋後、鎧《よろい》の袖に挿してい

た杉枝を植えたものといわれる。隣りに寄り添うようにイチイガシが立っている。東には亀の池があり、周囲にはツツジが植えられている。この辺りの丘はイチイガシの林になっている。野鳥の鳴き声も林内から聞こえてくる。

中門から本殿がある区域に入る。スギ、イチイガシ、クスノキの大樹がそびえている。本殿は享和《きょうわ》元（1801）年、福岡藩10代藩主・黒田斉清《なりきよ》により再建されたもので、他に類を見ないことから「香椎造《かしいづくり》」と称される。国の重要文化財に指定されている。

不老水

本殿右側から玉垣《たまがき》を出て、東の鳥居から境外に出ると古宮《ふるみや》跡があり、ご神木の「棺《かん》かけの椎《しい》（香椎）」が立つ。仲哀天皇の棺《ひつぎ》をこの木に掛けたとき、芳香が広がったことから「香椎」と呼ばれるようになったとか。

不老水《ふろうすい》へ向かう標識に従い住宅地を歩く。本殿から6分程で朱塗りの鳥居と柵に囲まれた所に着く。扉を開き、蓋を開けると不老水がある。伝説によれば、仲哀天皇など5代の天皇に仕えたという武内宿禰《たけのうちのすくね》が、この泉の水で飲食し、300歳余りの長寿を全うしたという。環境省の「名水百選」に選定されている。開錠時間があるので注意を。

香椎宮に直接訪れる場合は、マイカーなら国道3号の「香椎参道口」から入り、香椎宮そばの駐車場に止める。JR「香椎神宮」駅、西鉄「香椎宮しょうぶ園前」バス停からは香椎宮まですぐ。

【一口メモ】 クスノキ並木の香椎参道は、早朝であれば車が少なく心地よく歩くことができる。

ご神木の筥松と楼門

8

筥崎宮の参道

福岡市東区

木陰を海風が通る 都会のオアシス

筥《はこ》崎宮《ざきぐう》は、石清水《いわしみず》八幡宮（京都府八幡《やわた》市）、宇佐《うさ》神宮（大分県宇佐市）とともに、昔から日本三大八幡宮と呼ばれている。博多三大祭りのひとつである神事の放生会《ほうじょうや》は九州随一の秋祭りで、参道に露店が軒を連ねる。真っ直ぐ延びる参道の道沿いにはクスノキが植えられ、都心にあってオアシスのような雰囲気を漂わせている。参道を見学しながら歩いてみる。

西鉄「箱崎浜」バス停から出発する。天神方面に少し戻り左へ曲がると参道になる。角には高さ約6ｍの高燈籠《たかとうろう》がある。お潮井《しおい》浜に目を転じると、朱塗りの鳥居が見える。ここで博多祇園山笠の「お汐井《しおい》取り」が行われる。柵で囲まれ、近づくことはできない。

舗装された道幅の広い参道が一の鳥居まで約700ｍ続く。昔は沿道に松が植栽されていたが、松くい虫などが原因で消失し、クスノキ並木に変わっ

クスノキ並木の真っ直ぐな参道

高燈籠

大楠

た。常緑樹のため、いつでも緑を目にしながら、爽やかな気分で歩くことができる。野鳥のさえずりも心地よい。

神苑花庭園（有料）では四季折々の花を観賞できる。その先の恵光院《えこういん》には樹齢約200年のボダイジュがあり、6月頃、淡黄色の花を咲かせる。バス停から15分程で、黒田長政が建立した一の鳥居に着く。鳥居をくぐり抜けると筥崎宮の境内が広がる。

入ってすぐ右奥に樹齢約800年の大楠がある。火災のため上部はないが、幹から枝が伸びてきた。そばには元寇《げんこう》のとき、蒙古《もうこ》軍が船の碇《いかり》として用いたとされる碇石《いかりいし》が飾られている。

境内の中央正面の楼門を見上げると、「敵国降伏」と書かれた額が目にとまる。亀山《かめやま》上皇が書かれた文字を拡大したものと伝わる。この門は伏敵門とも呼ばれる。楼門の前にあるのがご神木の筥松《はこまつ》。筥松とは、筥崎宮の主祭神である応神《おうじん》天皇がお生まれになったとき、その胞衣《えな》を筥に納めて埋めた場所に植えられた松のこと。箱崎という名の由来でもある。

社殿の裏には、ハマヒサカキの生垣に囲まれた森がある。イチョウ、ムクノキ、イヌマキなどの大木が目立つ。メジロ、ヒヨドリなどの留鳥《りゅうちょう》をはじめ、冬は林床でシロハラを見かける。

ここからはバスか電車で帰路に着く。近くに西鉄「箱崎」バス停、地下鉄箱崎線「箱崎宮前」駅、JR「箱崎1丁目」バス停がある。鹿児島本線を利用するときは「箱崎」駅まで徒歩約8分。

【一口メモ】マイカーで訪れるときは、車両通行禁止区域があるので、国道3号側から参道に入り、有料駐車場に止める。

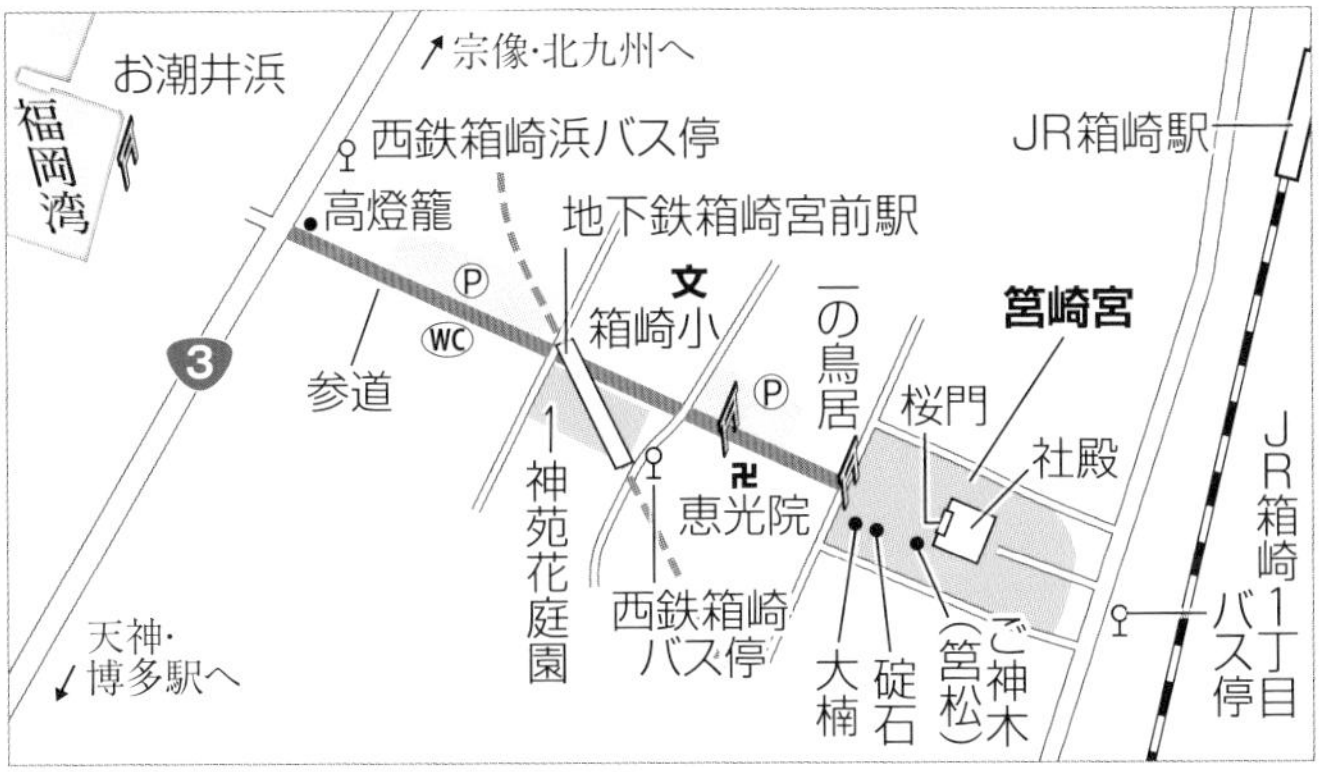

9 油山の森

福岡市城南区・南区

福岡中心部のすぐ近くで 眺望も渓流も満喫！

上：油山市民の森／下：油山観音

福岡市の都心から近く、憩える森のある山といえば油山《あぶらやま》（597m）があげられる。山名の起こりはインドから渡来した清賀《せいが》上人《しょうにん》が、ツバキ油による灯火の方法を人々に伝えたことによるともいわれる。上人が山腹

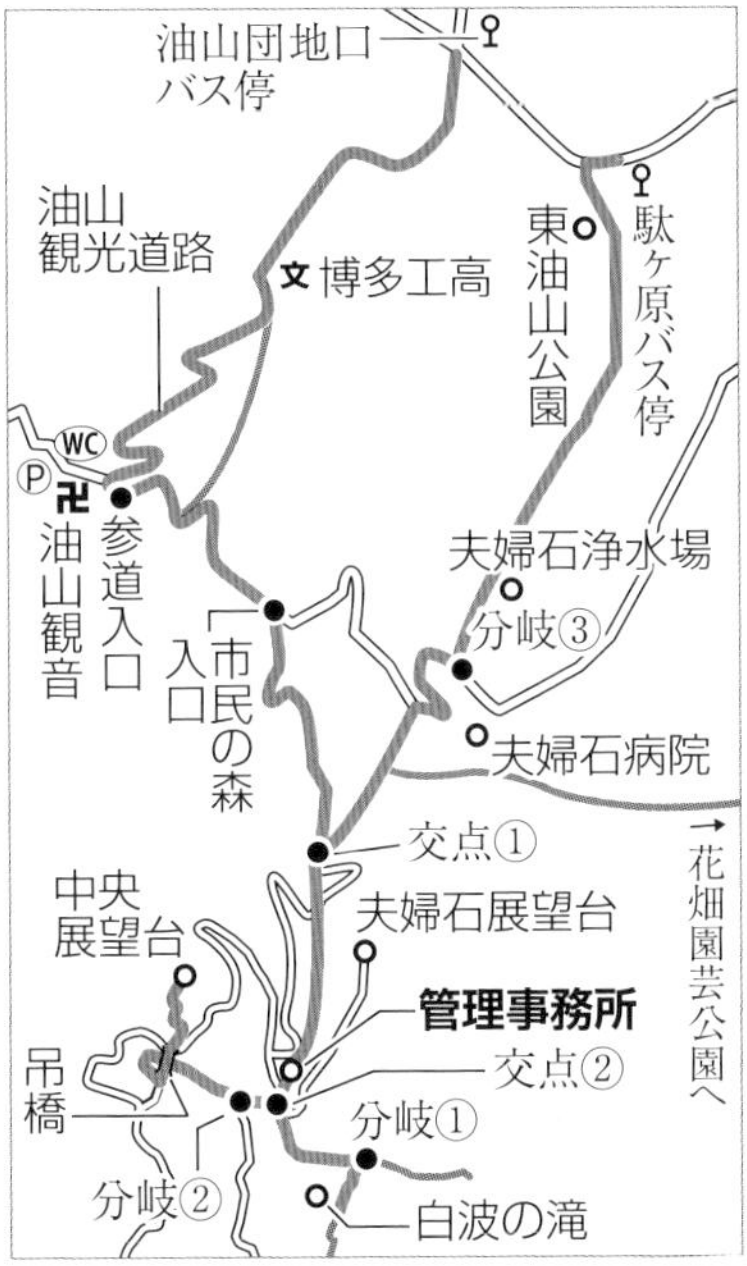

に開基した泉福寺《せんぷくじ》は正覚寺《しょうかくじ》と改名され、油山観音の名で親しまれている。油山には見所がたくさんあるが、森を満喫するコースを歩いてみる。

西鉄バスの桧原《ひばる》営業所か片江《かたえ》営業所行きに乗り、「油山団地口」で降り歩き始める。油山観光道路を南へ。まもなく上り坂になる。博多工業高校の前を過ぎ、油山観音の看板がある分岐を左へ。少し行くと「油山観音霊域」の石碑が立つ参道入口に着く。石畳を上り新羅《しらぎ》式石門をくぐると、バス停から45分程で油山観音の本堂に着く。十《じゅう》六羅漢《ろくらかん》石像、観月楼《かんげつろう》展望台もある。

参道入口まで戻り、そのまま東へ下って「市民の森入口」から道なりに南へ上る。交点①は右の石段の方へ。やがて右手に広い駐車場が見えてくる。

油山観音から40分程で市民の森管理事務所（265m）に着く。冬はミヤマホオジロなども飛来する。マイカーで訪れるときは、市民の森入口で駐車料金を支払い駐車する。

管理事務所を発着点とする2つの往復コースを紹介する。まずは渓流と触れ合う白波の滝コース。歩き出してすぐの「黒の原林道開設記念」の石碑が立つ交点②から渓流沿いに下る。川に近づきやすく、生き物探しや水遊びには最適だ。分岐①は右へ。管理事務所

白波の滝

油山の渓流

から15分程で白波の滝に着く。容易に近寄ることができ、涼風が心地よい。

次は展望を堪能する中央展望台コース。交点②の先、橋手前の分岐②を右に入り谷道を上る。吊橋をくぐり抜けるとカエデが多く紅葉がきれいだ。左にカーブすると吊橋に着く。西にアカマツ林、東に景色を眺めることができる。橋を渡り北に上ると、管理事務所から25分程で中央展望台（３４７ｍ）に着く。広く見渡すことができ、沖ノ島や英《ひ》彦山《こさん》方面などを遠望できる。

管理事務所からの帰りは交点①まで戻り、今度は山道を北へ下る。すぐ舗装道に変わる。沿道にメ

上：福岡市街（中央展望台より）
右：夫婦岩

タセコイアの群落がある。花畑《はなはた》園芸公園へ向かう道との分岐は左へ。夫婦石《めおといわ》病院を過ぎ、分岐③も左に進む。道が平坦になり東油山公園を越すと、まもなく「駄《だ》ケ《が》原《はる》」バス停に着く。管理事務所から50分程。バスの本数は多い。

［一口メモ］ 1 近場で景色を楽しむだけなら夫婦石展望台（284ｍ）がある。管理事務所から片道約8分。 2 市民の森内には分かれ道がとても多い。標識などはあるが、歩き慣れていないと道に迷う恐れがあるので注意を。

10 鴻巣山緑地

福岡市中央区

市街地の低山で楽しむパノラマの大展望

鴻巣山（平和南緑地の展望台より）

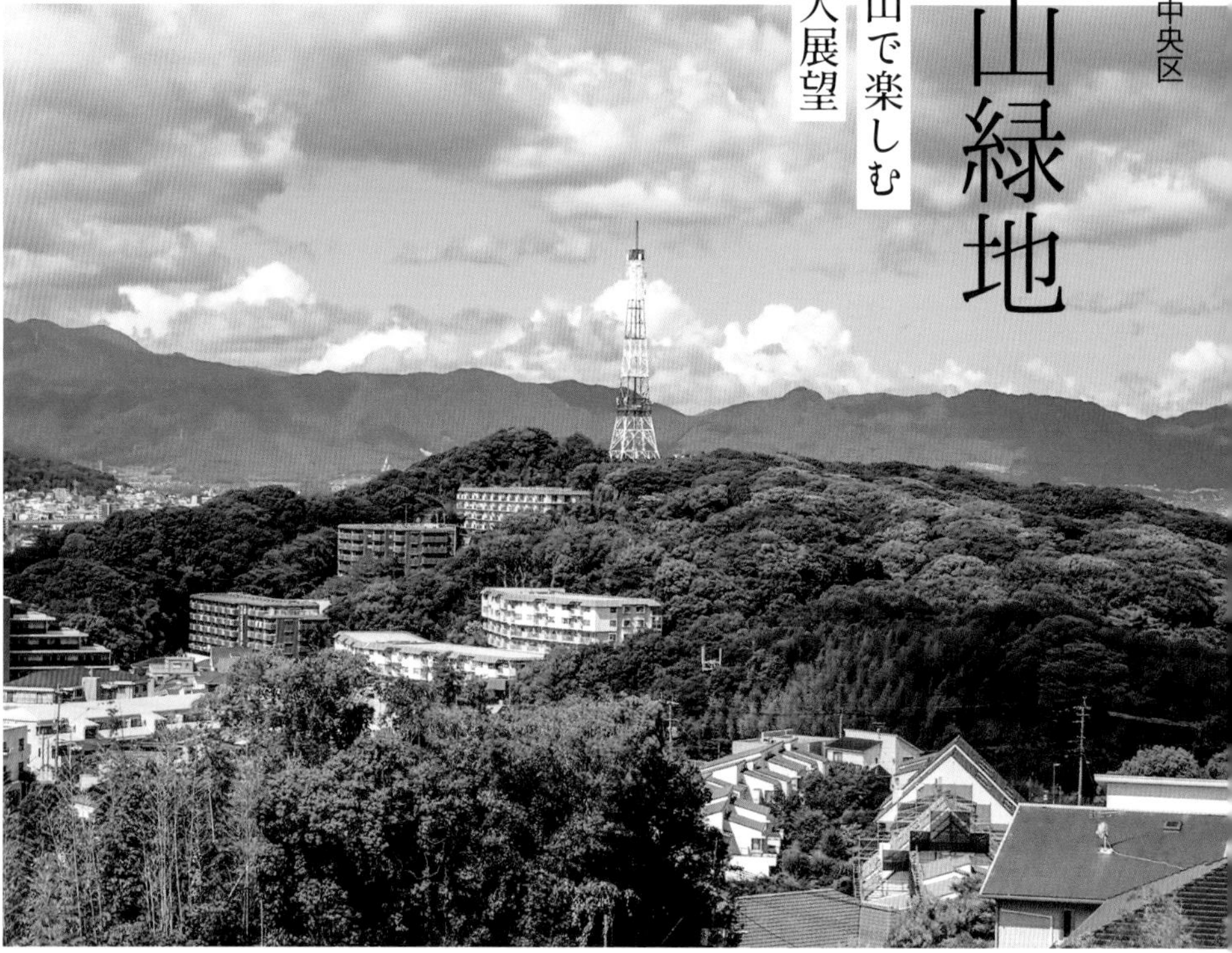

福岡市中央区と南区の境界付近に位置する鴻巣山《こうのすやま》（100m）は、都心にあって見事な自然が残る。標高は低いものの、山頂そばに立つ電波送信塔は、いろいろな場所から景色を確認するときの目印となる。この一帯は、良好な都市環境を守るために昭和50（1975）年、特別緑地保全地区に指定された。周辺に駐車場がないので公共交通機関を利用して訪れてみる。博多駅、天神方面から西鉄バスに乗

登り口A（平和西口）

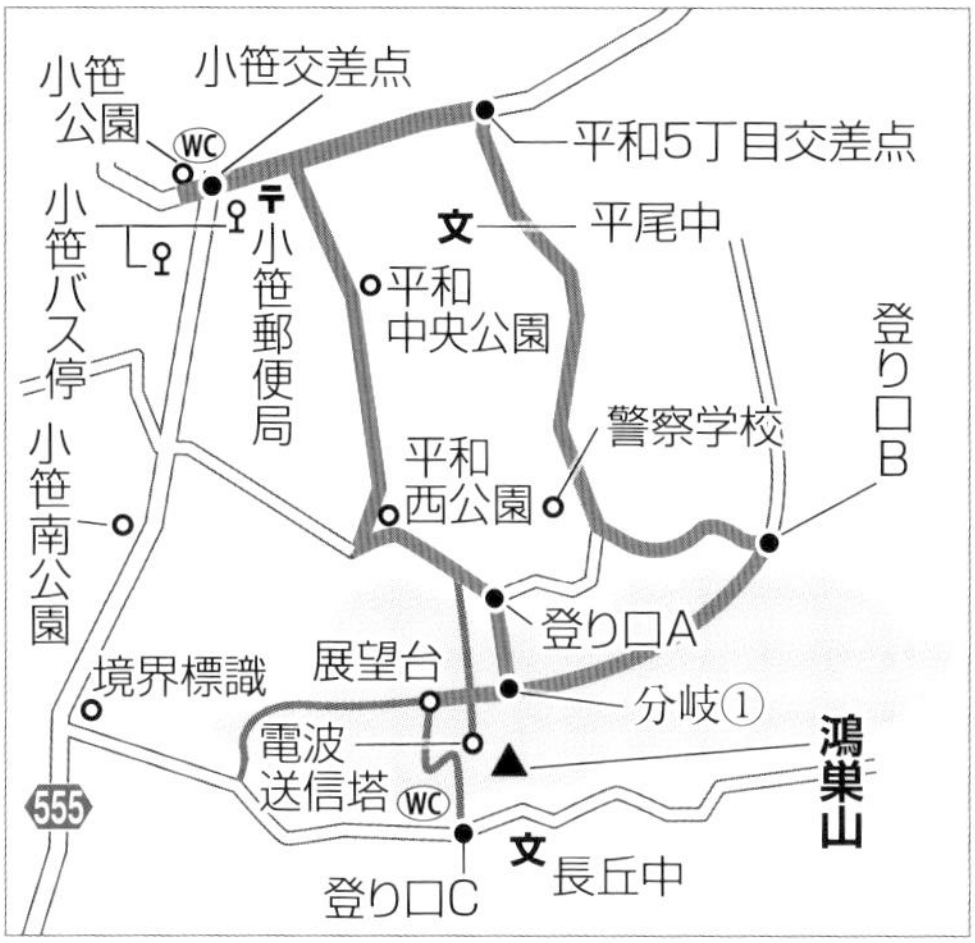

り「小笹《おざさ》」で下車。路線によりバス停の位置が異なるので注意を。すぐそばに小笹公園がある。標高は16m。トイレ、あずまや、周囲には飲食店もある。ここを拠点に巡り歩く。

　平坦で舗装された道を東へ。小笹郵便局を過ぎ、2つ目の分岐を右折し住宅街の坂を南へ上る。平和中央公園の前を通り、平和西公園がある交差点は左へ。歩き始めて20分程で登り口A（平和西口）に着く。案内板がある。

　ここからシイノキなど自然林の山道の上り坂になる。分岐①は右へ。秋はイヌビワが紅葉する。木製の階段を上り終えると電波送信塔との交点に着く。左へ行けば鴻巣山の頂上だが、悪路で眺望もないのでそのまま直進する。下って上り返すと鴻巣山の展望台に着く。登り口Aから15分程。

　展望台からは、福岡市街、糸島と脊《せ》振《ふり》山地の山々、福岡湾の島々を見渡すことができる。

　ここから分岐①まで戻り、今度は東へ進む。林内から野鳥の鳴き声も聞こえてくる。散策やウォーキングをしている人ともたまに出会う。どんぐりが実るコナラ、とくに株わかれしたマテバシイの群生には目を見張る。内陸部で目にするのは珍しい。途中の分岐は左へ向かい坂を下る。林を抜け、展望台から20分程で登り口B（平和口）に

脊振山地方面（鴻巣山の展望台より）

マテバシイ群落の中を歩く

登り口C（展望台入口）

着く。ここにも案内板がある。

舗装道に変わり住宅街を下る。途中、分岐などあるが道なりに歩く。福岡県警察学校、平尾《ひらお》中学校を通り過ぎ、「平和五丁目」交差点を左折し、平らな道を西へ。まもなく登り口Bから20分程で小笹公園に帰り着く。

【別ルート】 南区側から展望台へ上るコースも紹介する。小笹公園から平坦な道を南へ進む。商店街を過ぎると緩い上り坂になる。小笹南公園を越すと区の境界標識があるので、その先の分岐を左へ入り長丘《ながおか》中学校を目指す。小笹公園から25分程で登り口C（展望台入口）に着く。広場になっていてトイレがある。10分程上ると展望台に着く。

【一口メモ】 小笹公園から北へ約1kmの所に福岡市植物園がある。身近な植物の名前を知るのに便利。「上智《じょうち》福岡中高前」バス停で降り、動物園の西門から入ると近い。

糸島半島方面の夕日（鴻巣山の展望台より）

11

脊振山の尾根道

福岡市早良区

脊振山頂上近くの駐車場

スタートは山頂直下から！ 気軽に楽しむプチ縦走

レーダー観測所など西側の景色（脊振山頂より）

福岡市早良区《さわら》と佐賀県神埼市《かんざき》の境にある脊振山《せふりさん》（1054m）。県内で5番目に高い山で英彦山《ひこさん》、求菩《くぼ》提山《てさん》などとともに修験場《しゅげんじょう》として栄えた場所でもある。山名の由来は諸説あり、茶降山、上宮ヶ岳、弁財天岳などと呼ばれたこともある。山頂近くまで車道が延びているので車で上り、そこから尾根道を快適に歩きながら、高所ならではの自然や景色を堪能する。

福岡方面から国道263号を南へ。三瀬《みつせ》トンネルを抜け、佐賀の県道46号、305号を通り、山頂間近の駐車場に止める。すでに標高は1000m。すぐそばに航空自衛隊脊振山分屯基地のゲートがある。

まずは脊振山の頂上へ。舗装された道を10分程上ると到着する。巨大なレーダードーム、弁財天を祀った脊振神社の上宮がある。冬は雪で参拝が困難なため中腹に下宮が建立されている。

脊振山頂上

コバノミツバツツジ

頂上から脊振山地西側の山々、福岡湾の島々、東の奥に英彦山などを拝める。

次は駐車場から九州自然歩道を椎原《しいば》峠方面へ向かってみる。下るとすぐ広場と東屋がある。この先ずっとミヤコザサ、コバノミツバツツジが続く。標高900ｍ程の所を歩くのでブナ、ミズナラも多い。

駐車場から10分程で気象レーダー観測所へ向かう道との交点に着く。車両通行止めの柵を通り抜け、舗装道を下っていくと開けた道になる。天山《てんざん》など佐賀の山並みを見ながら歩き、矢筈《やはず》峠（910ｍ）からは上り坂になり再び木陰に変わる。常緑のアカガシや紅葉がきれいなコハウチワカエデ、シロモジなども目にとまる。

車両通行止めから20分程で分岐①に着く。右へ3分程行くと気象レーダー観測所がある。その前は休憩所になっている。ここは左に向かう。緩い坂の尾根道を上り下りする。自然と触れ合いながら心地よく歩くことができる。春は木肌の縦縞がねじれたように見え

ミヤコザサの尾根道

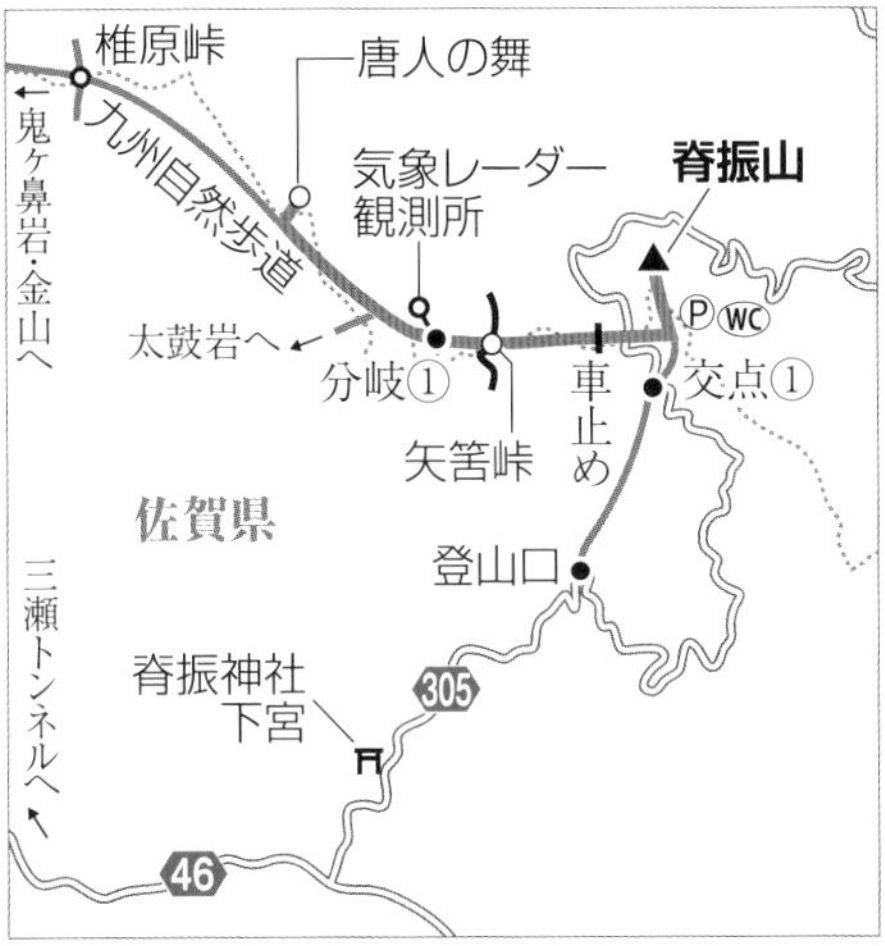

唐人の舞（大岩）

るネジキやハイノキ、リョウブなどの可憐な花が咲く。夏にはカッコウの仲間たちの鳴き声も耳にする。

やがて分岐①から30分程で唐人《とうじん》の舞《まい》（911m）という名の大岩がある場所に着く。岩の上から360度展望できる。とくに西の金山《かなやま》、鬼《おに》ケ《が》鼻《はな》岩、東の脊振山頂上の景色が印象的だ。この後は駐車場に引き返す。

［別ルート］❶さらに歩きたい人は椎原峠（760m）まで下るのもよいだろう。唐人の舞から35分程。鬼ヶ鼻岩を間近に望める。❷脊振山の頂上まで山歩きを楽しみたい人は「登山口（709m）」に駐車し、谷道を上り交点①を直進する。山頂間近の駐車場までおよそ60分。

［一口メモ］現地の気温は天気予報の最高気温より10度程低く見ておき、それに合った準備を整えて訪れる。

脊振山（唐人の舞より）

12

室見川下流

福岡市早良区・西区

河畔をのんびり歩き
季節の風物詩を愛でる

水遊び（福重橋付近）

糸島市瑞梅寺《ずいばいじ》を水源とし、主に福岡市早良《さわら》区と西区の境を南北に流れる室見《むろみ》川。上流にはヤマメが生息し、中流ではゲンジボタルが舞い、冬はカモ類が下流に飛来する。下流には歩行者・自転車専用道路（以下「専用道路」と略す）があり、散歩やジョギングをする人が絶えない。河口付近のシロウオ漁と潮干狩りの光景は室見川の風物詩といえる。室見川の下流を、市営地下鉄「室見」駅を拠点にウォーキング気分で散策してみる。

まずは上流方面へ。「室見」駅（早良区）を出ると室見橋がある。右岸（上流から見て右側）の専用道路に架かる橋をくぐりながら南へ歩く。冬はユリカモメ、ヒドリガモなどが群れをなす。室見川筑肥《ちくひ》橋の手前に毎年2月頃、福岡湾から上ってくるシロウオを獲るための簗《やな》（V字型の柵）が仕掛けられる。

シロウオ漁の簗と
ユリカモメ（筑肥橋付近）

橋を抜けると左側は土手になる。夏はネジバナ、冬はスイセンの花が咲く。潮が引くと川底が現れ、砂地をチドリ・シギ類がちょこちょこ歩く。

室見新橋近くの堰では、サギやセキレイの仲間を目にする。まもなく川岸にアシ原が広がる。ヒルガオ、アレチハナガサや、フランクフルトのような穂をつけるガマが茂みに混じる。夏はオオヨシキリが「ギョシギョシ」と鳴き、ツバメが空を舞う。四季を通じて川面に浮かぶマガモ、川沿いを飛ぶカワセミと出会える。

小田部《こたべ》大橋を抜け、福重《ふくしげ》橋の先の堰付近では水遊びをする子どもの姿も。駅から35分程で野生の広場に着く。トイレ、駐車場がある。

ここから車道を北へ少し戻り、小田部大橋を渡り、左岸（西区）の川沿いの専用道路へ下りて北へ。室見新橋そばのセンダンの大木は、春は淡紫色の花、冬は山吹色の実がよく目立つ。室見橋を渡ると野生の広場から40分程で駅に戻る。

潮干狩り（愛宕大橋付近）

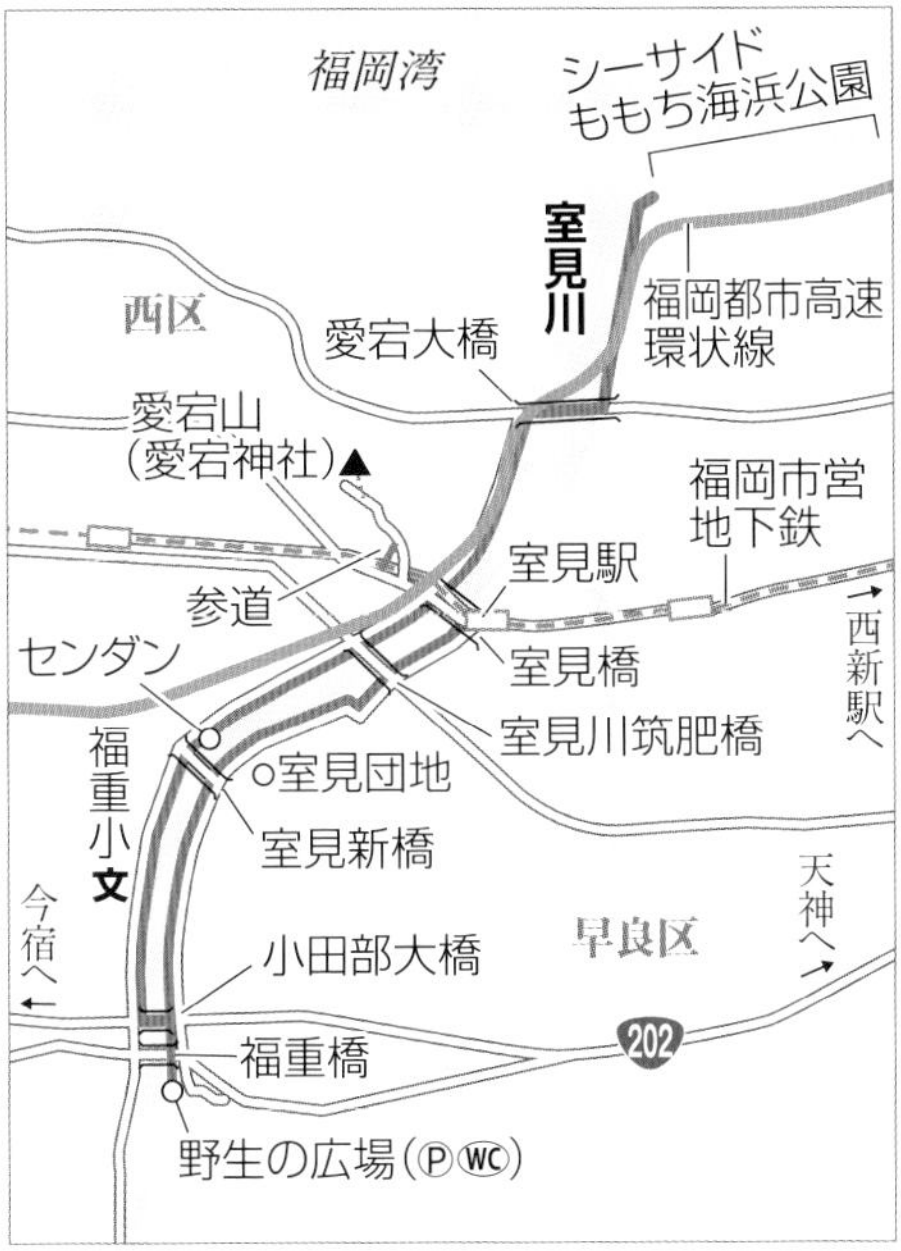

次は室見川河口まで行く。駅から室見橋を渡り、福岡都市高速環状線に沿って舗装された道を北へ。愛宕《あたご》大橋まで15分程。この辺りは干潮時、アサリ貝を掘る人々で賑わう。潮干狩り専用の駐車場、トイレはない。橋を渡って専用道路に下り、右岸を北へ。愛宕大橋から15分程で河口に着く。眼前に能《の》古島《このしま》、志賀島《しかのしま》が見える。ここから東はシーサイドももち海浜公園になる。

【別ルート】「室見」駅から日本三大愛宕に数えられる愛宕山（68ｍ）に鎮座する愛宕神社も近い。室見橋を渡り参道を上ると到着する。駅から約20分。見晴らしは抜群で眼下に室見川河口も見える。夜景や初日の出も美しい。

【一口メモ】河口まで足を運ぶと福岡タワーも近い。帰りは地下鉄「藤崎」駅か「西新」駅から乗車すると便利。

福岡タワー方面（シーサイドももち浜海浜公園より）

13

福岡市西区

今津の長浜海岸

松林を行ったり来たり
史跡と眺望を堪能

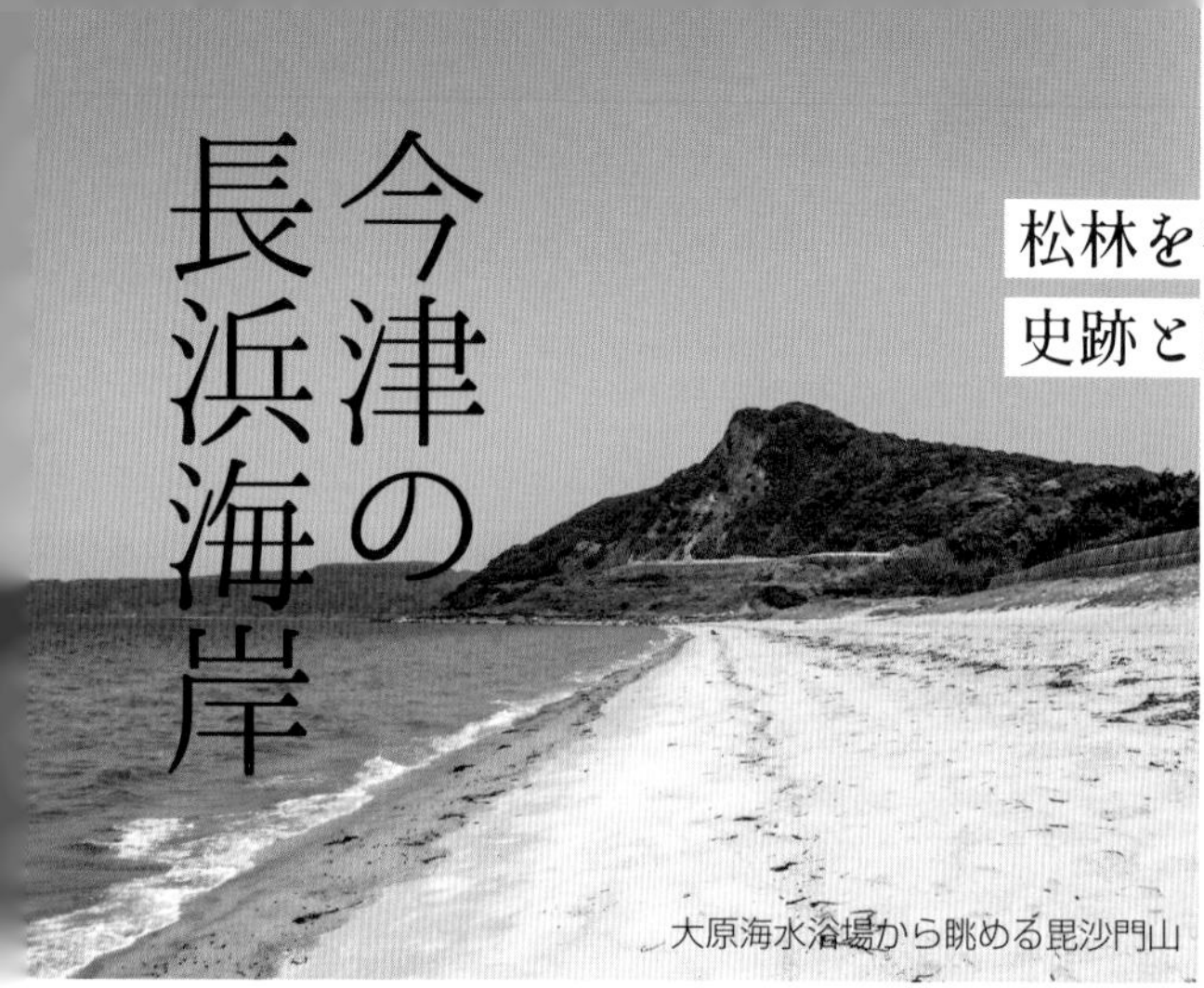

大原海水浴場から眺める毘沙門山

ハマヒルガオ

糸島半島東部、福岡湾と面する所に今津《いまづ》の長浜海岸がある。東は毘沙門山《びしゃもんやま》（177m）の麓から、西は柑子岳《こうじだけ》（254m）山麓まで約2㎞にわたりクロマツ林が続く。松原の中には文永の役（1274年）後、蒙古《もうこ》軍が再襲来することに備えて築かれた今津元寇防塁《げんこうぼうるい》跡がある。福岡湾沿岸約20㎞に築かれた元寇防塁の中で、最も当時を偲ばせる雰囲気を漂わせている。林内を散策し、毘沙門山の展望適地から眺望も満喫する。

車で国道202号の「今宿」交差点から県道54号に入り北へ。今津橋を渡り今津郵便局を過ぎ、分岐①を右折して福岡視力障害センターの先にある海岸の駐車場に駐車。ここを拠点に歩く。

西に行くとクロマツ林の中に入る。平らな砂地の保安林管理道になっている。この先海辺へ向かう分かれ道などがあるが直進する。歩き出してすぐ右奥の休憩所には解説板がある。

所々で元寇防塁の痕跡を目にする。まもなく元寇防塁が約200m復元された場所に着く。実際は高さ3m、台形状の石塁で、東側は毘沙門山の玄武《げんぶ》岩《がん》、西側は柑子岳の花崗岩《かこうがん》、中央部は両者が交互に用いられていたとのこと。今津地区を含め福岡湾沿いに点在する元寇防塁跡は国指定史跡である。

復元された元寇防塁

冬でも松林で北寄りの風がさえぎられ、寒さは和らぐ。やがて林から抜け出し大原《おおばる》海水浴場に着く。歩き始めて25分程。浜辺ではハマエンドウ、ハマ

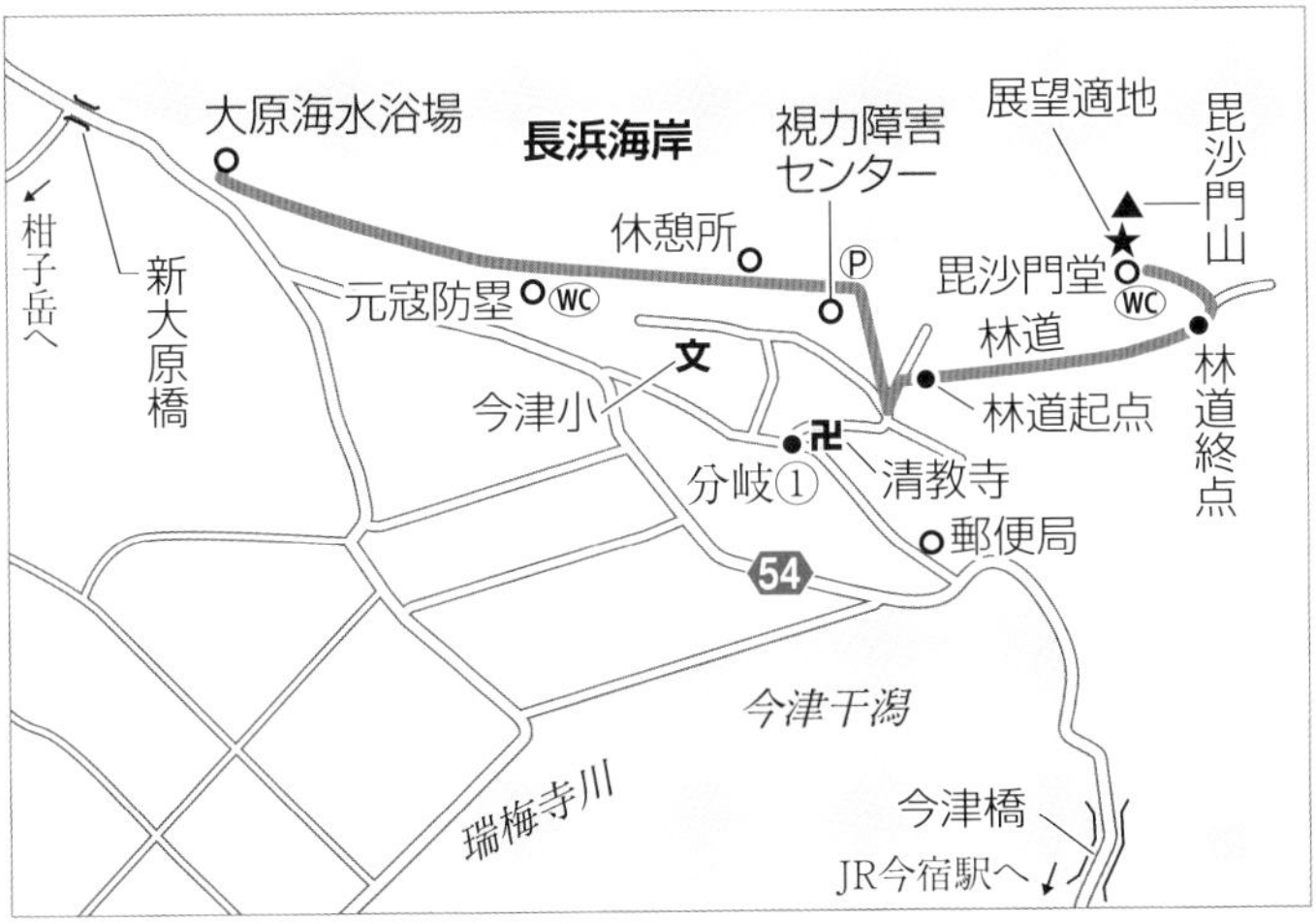

ヒルガオなど海洋性の植物を見かける。東に目を転じると長浜海岸と毘沙門山が見える。駐車場へ戻り、今度は毘沙門山方面へ向かうのもよいだろう。

駐車場から8分程歩くと「林道起点」に着く。すぐそばに小さな公園がある。舗装された坂を東へ上る。ヤブツバキなどの雑木林からスギ、ヒノキの植林帯に変わる。「林道終点」先の分岐は左へ。春はタチツボスミレの花が群生する。傾斜がある坂を上り詰めると毘沙門堂に着く。林道起点から30分程。毘沙門堂の手前は開けた平坦地で、瑞梅寺《ずいばいじ》川河口をはじめ糸島平野、玄界島などが見晴らせる。ここから数分上った展望適地から長浜海岸と松原、柑子岳を一望できる。さらに上ると山頂だが、足元は悪い。

【別ルート】ウォーキングが好きな人はJR筑肥線「今宿《いまじゅく》」駅から歩くのもよいだろう。海岸の駐車場まで片道約4・5㎞。

【一口メモ】今津干潟はカブトガニの産卵地として有名。冬は瑞梅寺川河口付近でクロツラヘラサギをはじめ水鳥を観察することができる。

瑞梅寺川河口と糸島平野（毘沙門堂手前の平坦地より）

めがね岩と積石塚群

糟屋郡新宮町

大自然がおりなす造形美と歴史ロマンが詰まった小島

めがね岩（左）と鼻面半島（右）
（展望適地より）

新宮港から北西約7・5㎞の海上に、三日月のような形をした相《あいの》島《しま》が浮かぶ。江戸時代に、徳川将軍の代替わりなどのとき、朝鮮国王からの国書を携えて来日した朝鮮通信使が寄港した島としても知られる。島北東の長井浜《ながい》周辺では、奇岩のめがね岩や、全国的にも珍しい、石を積み上げて造られた古墳の相島積石塚《つみいしづか》群などを見ることができる。

西鉄貝塚線「西鉄新宮」駅、もしくはJR鹿児島本線「福工大前」駅から、新宮町のコミュニティバスに乗車し、「相島渡船場」で下車。マイカーのときは、新宮港の駐車場に止める。新宮港からは町営渡船で島に渡る。運がよければ船上からトビウオが水面を飛ぶ姿を見ることができる。

20分程で相島港に到着する。きれいな海で、空にはトビが舞う。渡船場から舗装された平坦な道を島の東側へ向かう。所々で分岐など出てくるが、道なりに歩けば迷うことはない。

相島小学校の辺りから、緩い上り坂になる。北へ向きが変わると、まもなく渡船場から25分程で分岐①に着く。案内板がある。

東へ2分程行くと長井浜に出る。そばに積石塚群最大の120号墳（大塚）がある。積石塚群は、長井浜の最北端にある1号墳（北塚）から南の142号墳（南塚）にかけ約600m続いている。古墳は250基以上あり、国の史跡に指定されている。20分程で見て回ることができる。

120号墳付近から東に目を移すと、波の浸食で中央に大きな穴があいた奇岩が見える。これが鼻栗瀬《はなぐりせ》で「めがね岩」と呼ばれる。周囲100m、7階建ビル程の高さがある。右側の鼻面《はなづら》半島とともに、玄武岩特有の柱状《ちゅうじょう》の割れ

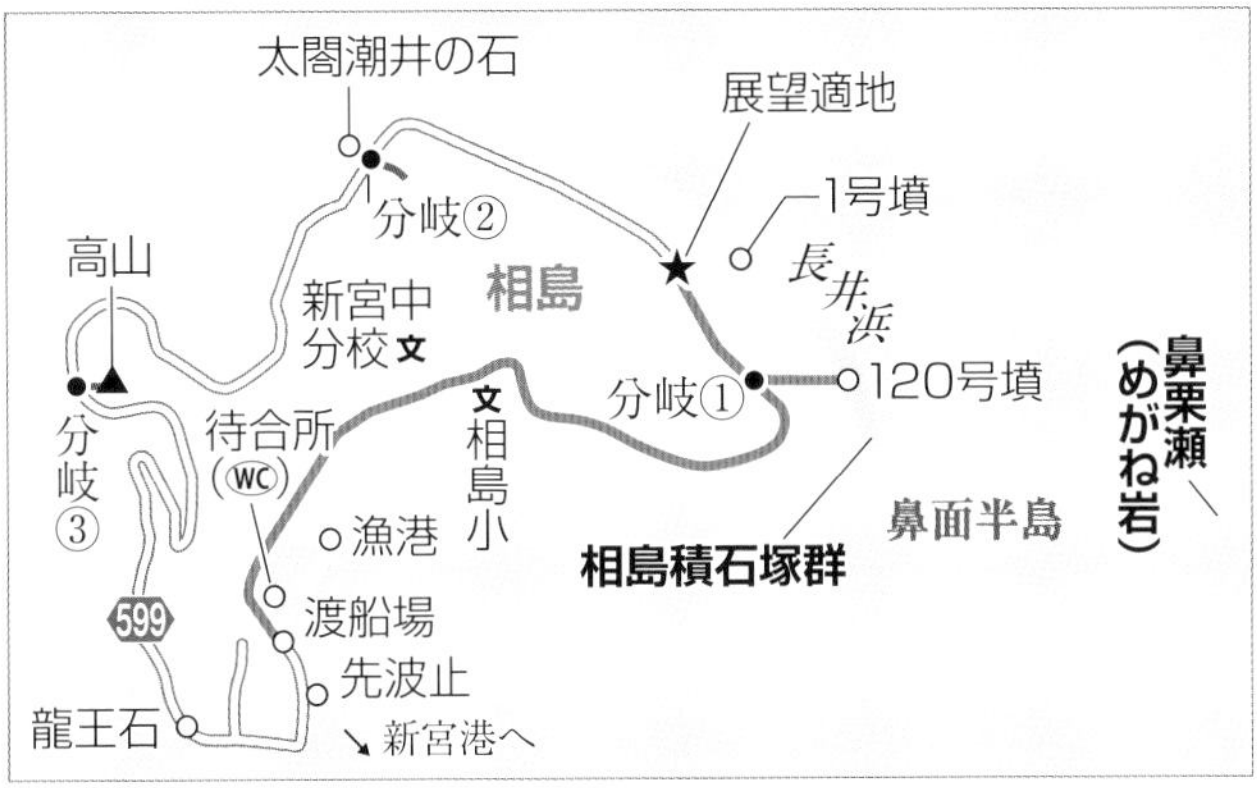

目がくっきりと見える。
　分岐①に戻って4分程上った所に展望適地があり、めがね岩、鼻面半島、積石塚群を一望できる。ここから来た道を戻る。

【別ルート】時間に余裕があるなら、島を一周するのも楽しい。展望適地の先は上り坂から平坦な道になり、左に曲がると分岐②に着く。右へ少し入った所に豊臣秀吉ゆかりの太閤《たいこう》潮井《しおい》の石が積み上げられている。
　分岐②から上り坂と平坦な道を繰り返し歩いて行くと分岐③に着く。2分程上ると島内最高地の高山《たかやま》（77ｍ）に着く。その昔、異国船を監視するための遠見番所《とおみばんしょ》が置かれていた場所だ。
　分岐③に戻り緩い坂を下る。波の音が聞こえてくると、海岸沿いの平坦な道に変わる。龍王石《りゅうおういし》、「未来に残したい漁業漁村の歴史文化財産百選」に選ばれた先波止《さきはと》を過ぎると、やがて相島港に帰り着く。

【一口メモ】島を一周（約6㎞）するときは、積石塚群を見学する時間を含め2時間以上は見ておくとよい。

相島積石塚群の120号墳

立花山 クスノキ原始林

親しみやすい低山で豊かに茂る巨樹の森

上：立花山大クス

タブノキの大木

市二町にまたがる立花山《たちばなやま》（367m）は、福岡湾の東方沿岸近くに位置する。海上から望見できるため、昔から航海の目印にされてきた。山腹の南東斜面は原生林で、とくに新宮町、久山《ひさやま》町の一部は立花山クスノキ原始林として、国の特別天然記念物に指定されている。また、立花山城の史跡も残る。

マイカーで国道3号「須川《すごう》」交差点から県道540号を南東へ。六所宮《ろくしょぐう》を過ぎ、登山者用駐車場への誘導標識に従って進むと駐車場に着く。「須川」交差点から約3㎞。標高は80m。ここから歩き始める。要所に標識がある。

舗装道を上りすぐの分岐を左へ行くと10分程で**登山口（立花口側）**に着く。スギ林の山道を南西へ。ナギの大木、水場を過ぎ、傾斜がある坂を蛇行しながら上る。石垣跡へ向かう分岐を過ぎるとシイノキなどの自然林に変わる。緩い上り坂となり登山口から30分程で**分岐①**に着く。そばにはマメヅタで覆われた**屏風岩《びょうぶいわ》**がある。

緩い坂を東へ下る。大きなクスノキがいくつも現れ、原生林に入ったことを実感できる。急坂を少し下ると、分岐①から6分程で**立花山大クス**に着く。林野庁「森の巨人たち百選」のひとつだ。周りには赤銅色のバクチノキやフジの大樹も存在感を示す。

修験坊《しゅげんぼう》の滝への道との交点まで戻り

九千部山〜脊振山（立花山頂上より）

左へ。立花山を巻くように起伏の少ない坂を歩く。クスノキの仲間の巨樹も多い。樹皮が黒っぽいのはヤブニッケイで、クスノキ同様3本の葉脈が目立ち、葉を折ると爽やかな香りがする。

樹皮が小鹿のような斑《まだら》模様のカゴノキ（鹿子の木）も見分けやすい。大きな根周りのクスノキを見かけたら、まもなく交点①に着く。大クスから25分程。

傾斜がある上り坂を北へ。面白い樹形のタブノキの大木などもある。急坂を上り詰めると、交点①から25分程で立花山山頂に到着。平坦で広く、脊振山地や福岡湾の島々、それに福岡市街と海の中道が一望できる。

下りは北側の山道へ。白《しら》岳《たけ》への分岐、古井戸、夫婦《めおと》杉《すぎ》を通り過ぎると12分程で分岐①に下りてくる。後は来た道を駐車場まで戻る。

【別ルート】 天神方面から西鉄バスを利用して訪れるときは「下原《しもばる》」バス停で下車。舗装道を東に上り、鷲尾大《わしおだい》権現《ごんげん》との分岐を右へ行くと「登山口（下原側）」がある。植林帯からやがて自然林の山道となり、バス停から45分程で交点①に着く。山頂、分岐①、大クスの順に巡りバス停に戻る。

【一口メモ】 立花山頂から夕日や夜景を楽しめる。山歩きの服装や装備には抜かりがないように。

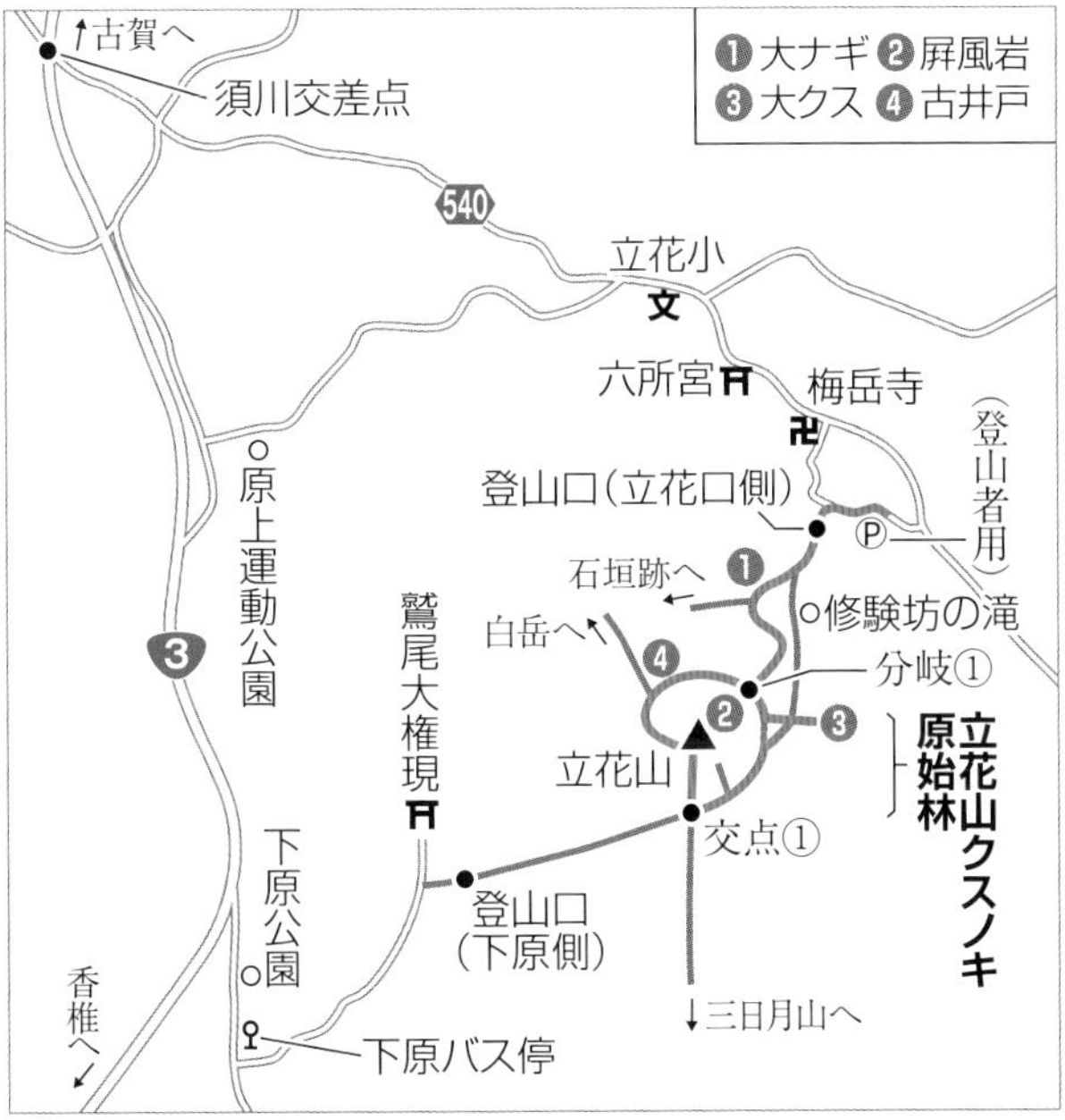

伊野天照皇大神宮

16

糟屋郡久山町

伊野天照皇大神宮の森と川

緑豊かな「九州の伊勢」と清流に癒やされる

久山《ひさやま》町の猪野《いの》地区に鎮座する伊野《いの》天照皇大神宮《てんしょうこうたいじんぐう》。福岡藩2代藩主・黒田忠之《ただゆき》が、神主や工匠を伊勢に派遣し、伊勢神宮の造りを学ばせ、それを模して築造させた神社で、「九州の伊勢」とも呼ばれる。境内入口前に流れる猪野川も、伊勢神宮の五十《い》鈴《すず》川に見立てたものといわれる。県の自然環境保全区域に指定されている神社周辺と、清らかな流れの川沿いを散策してみる。

天神方面からマイカーで国道201号を東へ。県道21号に入り「山の神」交差点を左折。「猪野」交差点を右折して大神宮下の駐車場に止め、南にある大鳥居から歩き始める。神《かみ》の前《まえ》橋を渡る手前の少し奥に、6代藩主・黒田継高《つぐたか》が植栽したという大藤がある。五十鈴橋を渡ると、大鳥居から7分程で境内入口に着く。猪野川にはハヤが群れ、カワセミなど水辺の鳥を見かける。夏は川遊びに訪れる子ども連れで賑わう。

境内入口から石段を上る。上り口では夫婦杉《めおとすぎ》がお出迎え。上ってすぐ左には町指定文化財のケヤキがあり、右にある高さ4m程の小さな滝を見ながら石段を上ると拝殿に着く。スギの大樹がそびえ、晩秋はイチョウの紅葉が映える。奥に進むと本殿があり、早春に咲くウメの花には風情がある。

さらに本殿裏の古神殿跡の少し先にある堰堤《えんてい》の辺りまで行くと、豊かな自然に浸ることができる。シイノキ、ヤ

猪野ダム管理所付近

猪野川（五十鈴橋付近）

ブツバキ、ヤブニッケイなどの常緑樹や、冬はアリドオシの赤い実が目につく。シカの鳴き声や初夏にはホトトギスが鳴く声も耳にする。

境内入口に戻り、猪野川沿いを上流へ歩いてみる。秋、七溝《ななみぞ》橋から川底をのぞくと、浅瀬に沈んだ紅葉が美しい。

第1楪葉《ゆずりは》橋を過ぎると、すぐ右に小さな第2楪葉橋がある。境内入口から15分程。川に近づくことができ、休憩もしやすい。春は東側の山がサクラの花でピンクに染まる。

轟《とどろき》橋を渡ってすぐの猪野ダムへ向かう分岐は左へ。「道路改修之碑」の石碑がある。この辺りは5月下旬頃からゲンジボタルが乱舞する。車止めの先からは木陰の渓流沿いの緩い坂を上る。春はシャガ、初夏はミズキの花が開く。夏山《なつやま》橋を渡ると、第2楪葉橋から30分程で猪野ダムの下に着く。

ダムの上（標高180m）に上ることもできるが、急な階段の上りが6分程続く。ダム管理所にはトイレがあり、眺望も少し得られる。自分に合った計画を立てて訪れると楽しさが増す。

【一口メモ】遠見岳《とおみだけ》（322m）からの展望もいい。福岡方面の連山、島々、新宮町方面の景色、眼下にトンネルを通過する新幹線などを眺められる。境内入口から徒歩約45分。

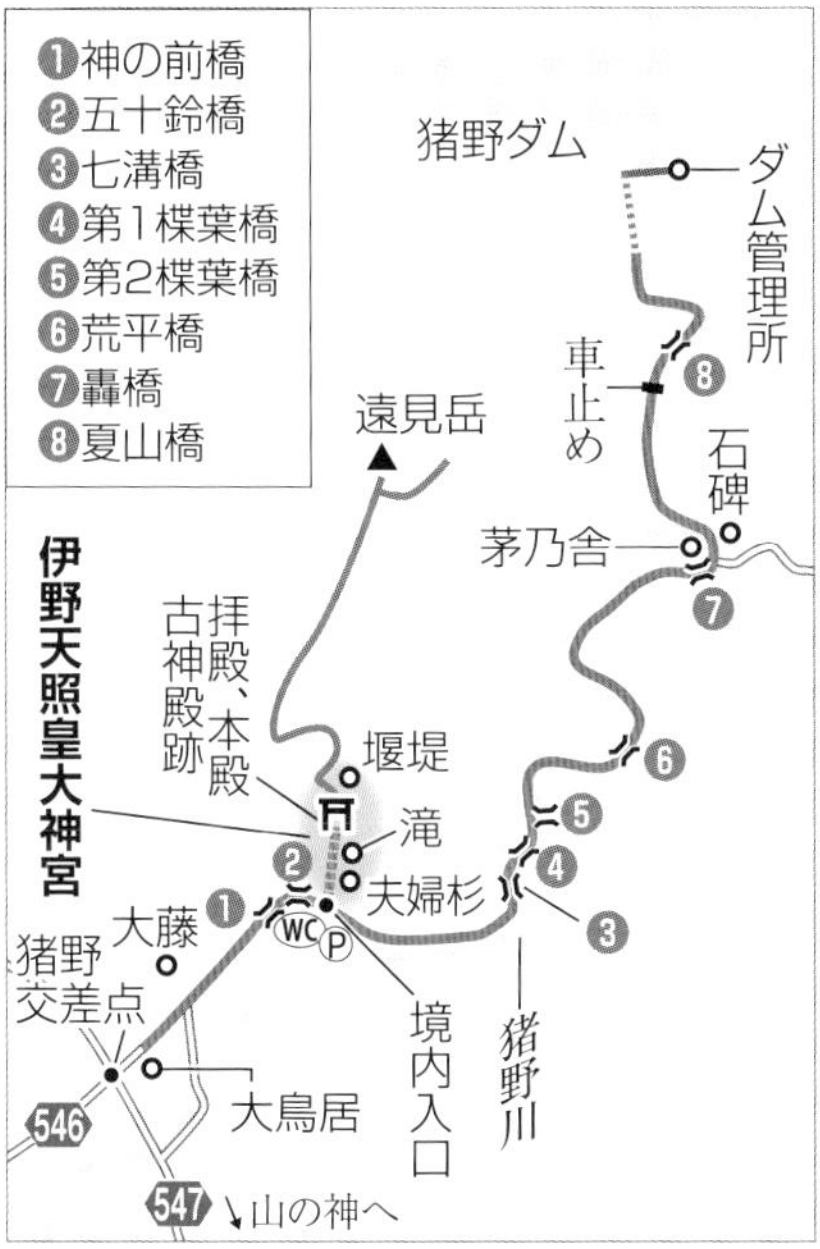

17

糟屋郡篠栗町

篠栗耶馬渓

篠栗霊場の札所をつないで 美しい滝と渓谷を目指す

上：篠栗耶馬渓
右：針の耳（中央をくぐり抜ける）
下：天神森の大樟

篠《ささ》栗《ぐり》町と宮若《みやわか》市の境に畝原山《うねはらやま》（667m）などの山系がある。その西側を北から南に流れる鳴淵《なるふち》川の中流に位置するのが篠栗耶《や》馬渓《ばけい》だ。下流に鳴淵ダムができたため、大自然は狭くなったが、五塔《ごとう》ノ滝の周りでは渓谷美と触れ合える。この一帯には篠栗霊場の札所や多くの見所がある。JR「篠栗」駅から歩いて周遊してみる。

駅から県道607号を東進し、「上町」交差点は左へ。20分程で「金出《かないで》」

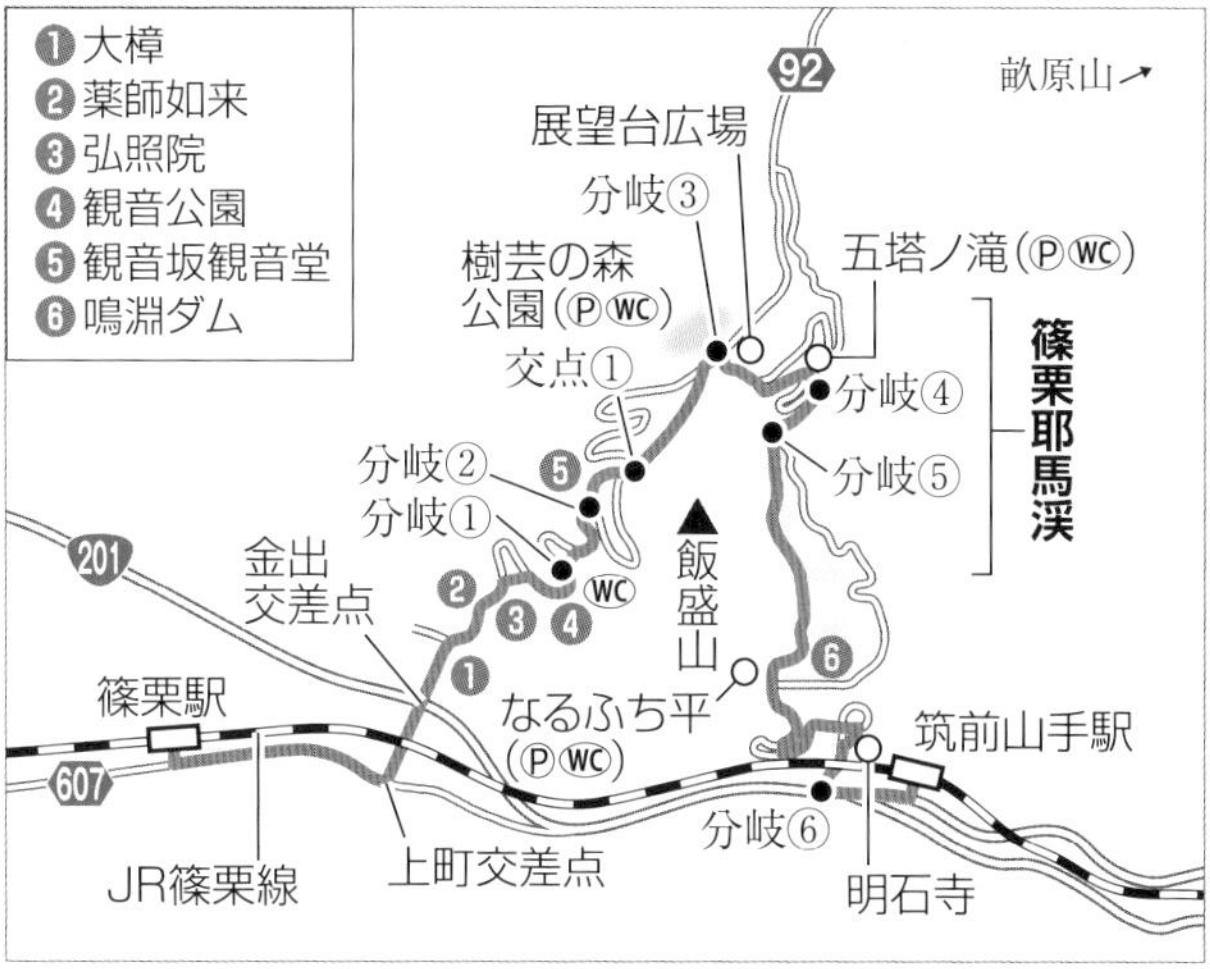

分岐①（右へ上る）

交差点に着く。右奥に「天神森の大樟」と呼ばれるクスノキが2本ある。

この先から上り坂となる。薬師如来を過ぎ、弘照院《こうしょういん》（87番札所）へ入る。針の耳という岩をくぐり、石仏群の前を過ぎる。「金出」交差点から20分程で観音公園に着く。トイレがある。

車道を歩き分岐①を右へ行き、妙《みょう》音寺《おんじ》（15番札所）を抜ける。再び車道を進み分岐②は左へ。そばに案内板と観音坂観音堂（66番札所、雲辺寺《うんぺんじ》）がある。渓流沿いにお遍路の山道を上る。交点①は直進する。スギ、ヒノキとク

分岐②（左の山道へ）

鳴淵ダム展望台広場

五塔の滝

ヌギが目立つ。山道が終わり車道を右へ向かう。観音公園から40分程で樹芸の森公園（２８０ｍ）に到着する。駐車場、トイレがある。園内にある鳴淵ダム展望台広場から畝原山、鳴淵ダム方面の景色が拝める。

展望台広場端の分岐③から山道を南へ。樹林を抜け車道に下り少し行くと五塔ノ滝（70番札所）がある。展望台広場から15分程。駐車場、トイレがある。滝の名は、五重塔から水を流したように、五段になって流れ落ちるからだとか。この辺りから篠栗耶馬渓になる。

分岐④まで山道を下る。渓流の大岩、カジカの鳴き声、紅葉などを堪能できる。すぐに車道と合流する。

分岐⑤は右へ。夏はミズキ、冬はヤブツバキの花が目にとまる。湖面にはカワウ、カイツブリの姿も。耶馬渓大橋付近まで往年の耶馬渓らしさが残っている。やがて鳴淵ダムの、なるふち平（清流公園）に着く。五塔ノ滝から25分程。駐車場、トイレがある。ダム中央から南の景色が望める。

車道を下る途中、近道の階段が2カ所あり、そこを下りる。明石寺《あかしでら》（43番札所）近くにも駐車場、トイレがある。なるふち平から15分程で分岐⑥に着く。ここから「筑前山手《ちくぜんやまて》」駅まで5分。

マイカーのときは篠栗駅周辺の駐車場に駐車。車で回って途中で車を止め、その近辺だけ散策することもできる。また、コースを逆回りするのもよい。

【別ルート】 分岐⑥からスタート地点の篠栗駅まで戻るには車道を通り40分。

【一口メモ】 県内にもう1カ所、那珂川市の南畑《みなみはた》ダム近くに筑紫耶馬渓がある。どちらも紅葉シーズンがおすすめ。

なるふち平（清流公園）

18

糟屋郡篠栗町

名木・巨木たちと出会い 自然の力を全身に浴びる

大和の森とはさみ岩

上：綾杉
右：サラシナショウマとアサギマダラ

三《さん》郡《ぐん》縦走で親しまれる三郡山地の山のひとつに若杉山《わかすぎやま》がある。篠《ささ》栗《ぐり》町若杉と須恵《すえ》町の境に位置し、北側の中腹には大きなスギが集中する「大和の森」がある。名前がある5本の大スギを観賞するコースと、その近くの「はさみ岩」に寄るコースを紹介する。

ＪＲ「篠栗」駅の南側、県道６０７号の「若杉登山口」交差点から車で南へ。車道を20分程上り、若杉楽園キャンプ場（以下「楽園」と略す）の駐車場に止める。標高は４００ｍ。トイレもある。北側の景色が展望できる。ここを拠点に歩く。

まずは大スギを観賞する周回コース。すぐ近くの「大和の森入口」の山道を上ると「綾杉《あやすぎ》」がある。神功《じんぐう》皇后が香椎宮の綾杉の枝を、凱旋のお礼に枝分けしたものと伝わる。地名の若杉は「分杉《わけすぎ》」が訛ったものとか。

すぐの分かれ道は右へ行き、緩い坂

を上る。サラシナショウマの蜜を吸うアサギマダラを見かけることも。まもなく林野庁の「森の巨人たち百選」に選ばれた「トウダの二又杉《ふたまたすぎ》」が現れる。

この先、名前は付いていないがスギやケヤキの大樹も目を引く。分岐①から右へ少し入ると幹周り約11ｍの「ジャレ杉」がある。針葉樹が好きな野鳥の鳴く声も聞こえる。

分岐①に戻り交点①は左へ。楽園から45分程で分岐②に着く。道幅が広く緩い坂を北東に向けて快適に下る。メタセコイアの群生、分岐をひとつ過ぎ、

右：トウダの二又杉／下：大和の大杉

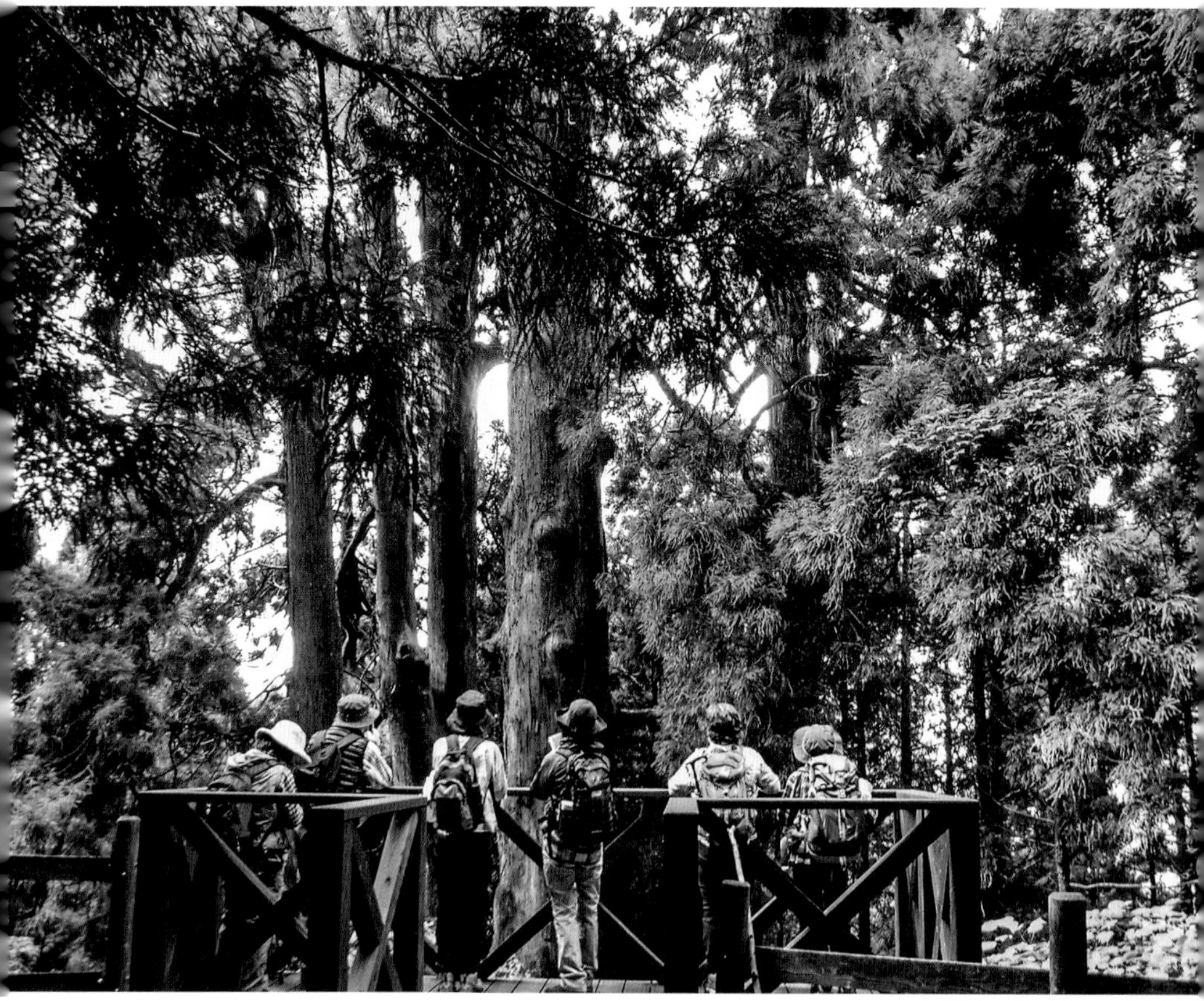

太祖宮への石段

分岐②から10分程の所にある分岐③は左に下りる。

5分程歩くと「大和の大杉」が姿を見せる。樹高約40ｍ。幹周りは約16ｍで屋久島の縄文杉とほぼ同じ太さだ。幹は5本に分かれ威風堂々としている。名前がある5本目の「七又杉《ななまたすぎ》」を過ぎ、綾杉からは来た道を戻る。大和の大杉から25分程で楽園に帰り着く。

次は、はさみ岩に寄るコース。楽園から分岐②までは同じ道を歩き、傾斜がある道を上り詰めると太祖宮に到着。休憩所、トイレがある。下り始めるとすぐ「はさみ岩」がある。岩の間を通り抜けると、分岐②から25分程で弘法大師が開いたという若杉奥之院。参拝者などでいつも賑わう。太祖宮に引き返し、すぐの交点②は山道を下る。交点③を左に折れると分岐③に着く。奥之院から40分程。後は楽園を目指す。

【別ルート】篠栗駅から歩くときは、まず車と同じ車道を進み、途中から若杉山、米《こめ》ノ山《やま》展望台へ向かう標識に従い車道を縫うように上る。駅から楽園までは約80分。

【一口メモ】篠栗駅の北側にオアシス篠栗（篠栗町総合保健福祉センター）があり、入浴、食事ができる。

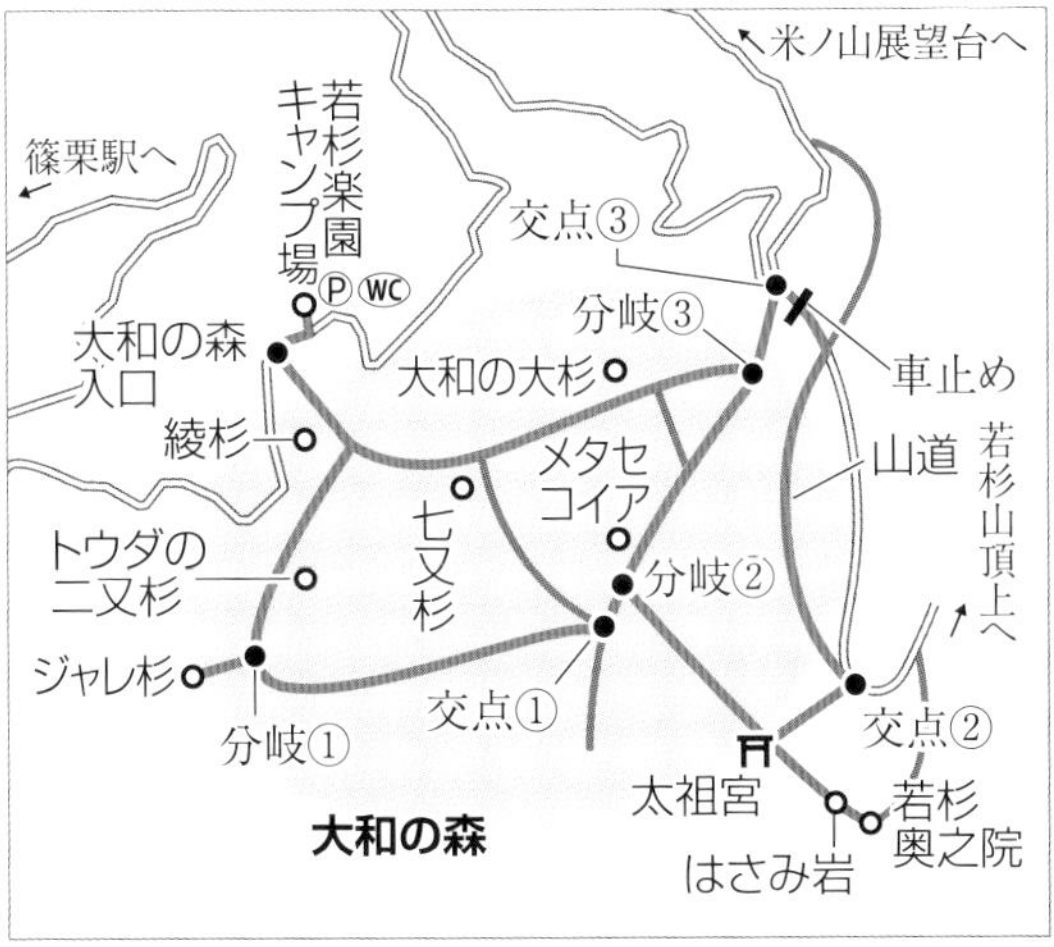

はさみ岩

宇美八幡宮のクスノキの森

1本でも「森」と称される神功皇后伝説の巨樹

上：湯蓋の森／下：衣掛の森（左）と湯方社（右）

宇《う》美《み》町の「うみ」という地名は、神功《じんぐう》皇后が応神《おうじん》天皇を無事にこの地で「お産み」になられたことに由来するといわれる。このお二方を筆頭に祭神五座が祀られているのが宇美八幡宮だ。安産、育児の神様として親しまれ、境内には言い伝えにまつわるクスノキをはじめとする大クスが群生し、見事な鎮守の森を作り上げている。

JR「博多」駅から篠栗《ささぐり》方面行きの電車に乗り、「長者原《ちょうじゃばる》」駅で香椎線の宇美行きに乗り換え、終点の「宇美」駅で降りる。標高は30m。改札口を出て東に目を向けると、岳城山《たけじょうさん》から三《さん》郡《ぐん》山地を一望できる。

終始、舗装された道を歩く。「宇美駅前」交差点から商店街に入り、道なりに進む。信行寺《しんぎょうじ》を過ぎ、「宮前通り」交差点を右折する。駅から10分程で昭和の鳥居に着く。ここが宇美八幡宮の入口になる。

衣掛の森

社殿に向かって右に「湯蓋《ゆふた》の森」と呼ばれるクスノキの大木がある。応神天皇がお生まれの際、この木の下で産《うぶ》湯《ゆ》を使われた。そのとき樹冠《じゅかん》が蓋のように見えたことから名づけられたという。社殿の左奥には「衣掛《きぬかけ》の森」といわれる大クスがある。応神天皇の産衣《うぶぎぬ》をこの木に掛けたことが由来と伝わる。この2本は巨木のため〝森〟と称され、それぞれ国の天然記念物に指定されている。このほか境内にはクスノキが群生し、「蚊田《かだ》の森」として県指定天然記念物になっている。蚊田とは宇美の古名である。

湯方社《ゆのかたしゃ》の周りには子安《こやす》の石が奉納されている。妊婦が子安の石を1個持ち帰り、出産後、新しい石に子どもの名前などを書き、預かった石と一緒に納めるという風習が今も残っている。

境内を抜け朱塗りの子安新橋を上ると宇美公園の展望所（標高50ｍ）に着く。昭和の鳥居から8分程。左（東）から宝満山《ほうまんざん》、大根地山《おおねちやま》、大城山《おおきやま》。正面の奥に井野山《いのやま》と目の前に八幡宮のクスノキの森が拝める。

1分程石段を上ると弥勒山《みろくやま》（60ｍ）

左：弥勒山頂上（御胞衣ヶ浦）／右：弥勒山への参道（子安新橋）

の山頂に着く。応神天皇の胞衣《えな》を納めたといわれる御胞衣ヶ浦《えながうら》だ。

子安新橋を下り終え左へ。宇美川沿いの舗装道を東へ向かう。沿道にはサクラ、ツツジが植栽され、水辺の鳥やコイ、カメの姿も見かける。妻附橋《つまづけ》との分岐を右折し、線路に沿って南へ。まもなく宇美駅に帰り着く。展望所から12分程。

八幡宮のクスノキの森だけを観賞するのであれば、車の場合は「太宰府」ＩＣから約15分走り、八幡宮そばの駐車場に止める。西鉄バスを利用するときは「宇美八幡前」で下車するとよい。

【一口メモ】 春は宇美川沿いと宇美公園で桜花を、初夏はクスノキの爽やかな新緑を楽しむことができる。

宇美八幡宮クスノキ群
と奥に井野山
（宇美公園展望所より）

20

太宰府市

太宰府の神社林

天神様へお参りし 宝満山麓の自然に触れる

上：天神の森
右：竈門神社の参道

学問の神様・菅原道真《みちざね》公を祀る太宰府天満宮。全国の天神様の総本宮と称えられ、海外からも多くの参拝者が訪れる。クスノキの大樹で形成された境内は、「天神の森」として県の天然記念物に指定されている。天満宮から東北東へ約2㎞の所には、大宰府政庁の鬼門《きもん》（北東）に八百万《やおよろず》の神を祀ったとされる竈門《かまど》神社がある。縁結びの神社として有名で、背後には宝満《ほうまん》山《ざん》の自然が控えている。太宰府にある2つの神社の林を、季節を肌で感じながら巡る。

西鉄太宰府線「太宰府」駅から歩き始める。店が立ち並ぶ参道を抜け左折すると太鼓橋が見える。心字《しんじ》池にはコイやカメがたくさんいる。6月頃、ハナショウブやアジサイの花が菖蒲《しょうぶ》池の周りを彩る。池の縁から樹冠を見回すと、大きなクスノキの森であることが実感できる。橋を渡って楼門をくぐると、駅から10分程で本殿の前に着く。正面右には、菅原道真公を慕って都から一夜にして飛んできたと伝わるご神木の飛梅《とびうめ》がある。境内にウメとクスノキが多いことから、環境省の「かおり風景１００選」に選ばれている。

本殿の西側には樹高28・５m、幹周り11・７mと、天神の森の中で最も大きい大樟《おおくす》が枝を広げている。また北側には、夫婦樟《めおとくす》が寄り添うように立っている。樹高はいずれも17・１mで、幹周りは10・６mと４・４m。これらはいずれも樹齢１０００年以上と推定され、国指定天然記念物になっている。

もう1本、国指定の天然記念物が大樟の近くにある。ヒロハチシャノキがそれで、落雷で上部は折れてしまったが、同種で日本最大の大きさを誇る。

境内の道を北へ進みトンネルを抜けて右へ行く。紅葉はこの辺りがきれいだ。県道５７８号の舗装された道を上る。九州情報大学を過ぎ、急カーブの所（展望適地）から、宝満山（８２９m）と愛嶽山《おたけさん》（４３９m）を間近に拝める。

内山橋を渡ると、やがて竈門神社の石段が見える。年間を通して登山者などとよく出会う。とくに紅葉の時期は観光客で賑わう。カエデやサクラの枝

夫婦樟

宝満山～愛嶽山（展望適地から）

竈門神社と背後の林

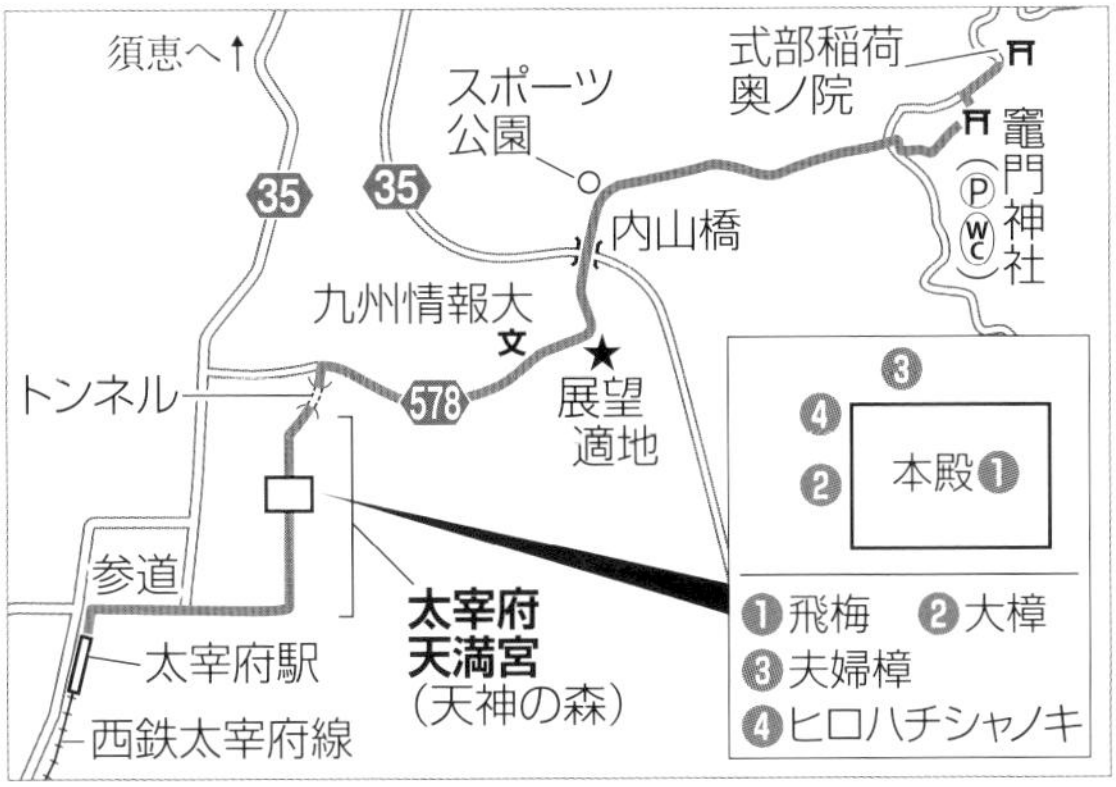

が張り出した参道を上る。上り詰めると竈門神社の社殿（170m）に着く。天満宮から35分程。クスノキの大木が数本そびえ、社殿の背後は自然の樹木にスギ、ヒノキが混じる林になっている。

3分程下ると式部稲荷《しきぶいなり》奥ノ院がある。岩を流れる渓流、紅葉する木々があり、自然美を堪能できる。ここから来た道を太宰府駅まで戻る。

［一口メモ］マイカーのときは、太宰府駅周辺、竈門神社の駐車場に止めて、それぞれの神社林を散策する。

式部稲荷奥ノ院の紅葉

21 焼米ヶ原

太宰府市

幼児からお年寄りまで 誰でも楽しめるハイキング

焼米ヶ原

太宰府市、宇美《うみ》町、大野城市にまたがる四王寺山《しおうじやま》は、かつて大野《おおの》山《やま》と呼ばれていた。

白村江《はくすきのえ》の戦い（663年）後、大宰府の防衛施設として水城《みずき》、基《き》肄《い》城（基《き》山《ざん》）とともに、この山にも古代朝鮮式山城が築かれた。今は大野城跡として国の特別史跡に指定されている。土塁（城壁）は約8㎞におよび、内部には倉庫群が置かれた。そのうち1棟の建物跡周辺から黒く炭化した米が発見され、焼米ヶ原《やきごめがはら》と呼ばれている。広々として展望がよい場所で、幼児から年配者まで足を運びやすい。ハイキング気分で訪れてみる。

西鉄天神大牟田線の「都府楼前《とふろうまえ》」駅から歩き始める。朱塗りの関屋橋、歩道橋を渡り、水城小学校前の歩道を東に進む。20分程で大宰府展示館に着く。マイカーのときは、大宰府政庁跡の駐車場に止める。

高橋紹運墓

北へ向かい車道を横切り少し行くと、太宰府市民の森に入る。四季折々の植物を見ながら坂を上る。とくに晩秋のメタセコイアの紅葉は印象に残る。やがて展示館から35分程で登山口に着く。

ここから木陰の山道になる。人とよく出会うので、初めての人でも安心だ。野鳥の声などを聞きながら上っていく。

途中、戦国武将の鏡と語り継がれる高橋紹運《じょううん》の墓がある。島津勢約5万に対して、わずか約760人で岩屋城

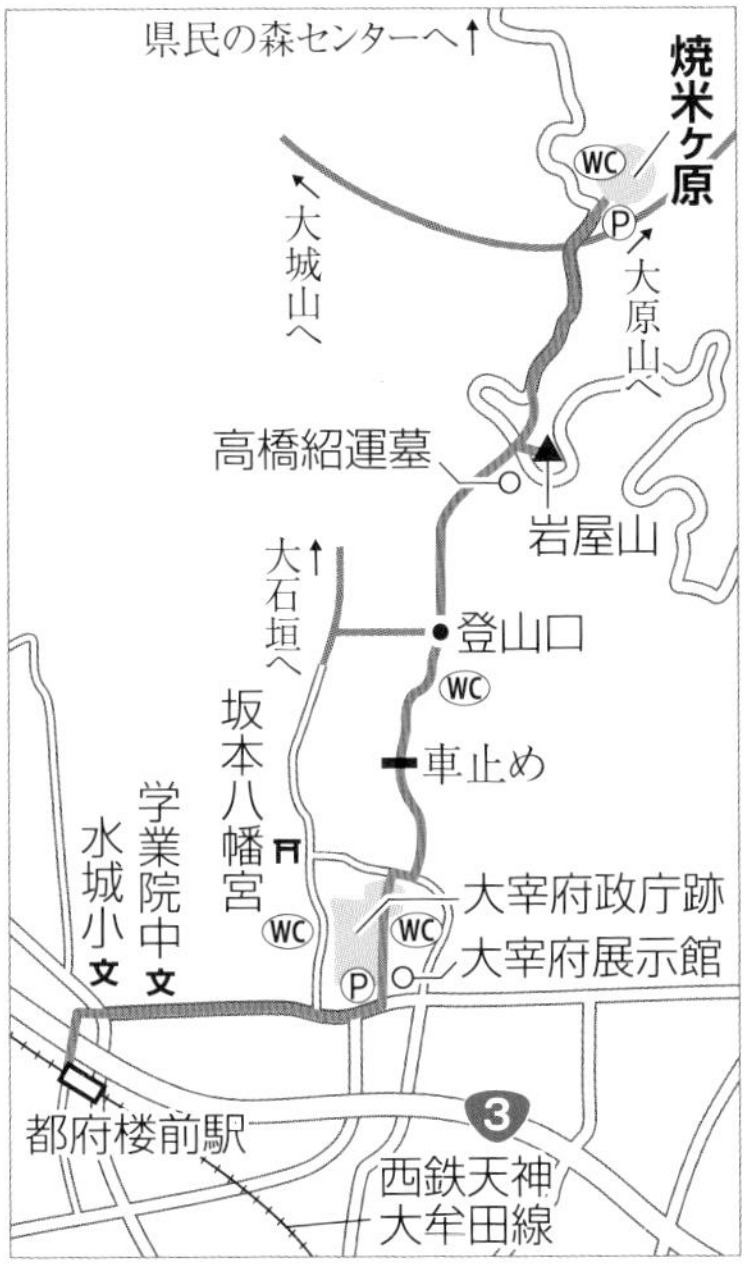

に立てこもり玉砕し、一人の逃亡者も出なかったといわれる。

林を抜けると舗装された林道との交点に出る。ツルニチニチソウの群生が目を引く。直進するとまもなく岩屋山《いわややま》に着く。登山口から約30分。大野城跡の一部を利用して築かれた岩屋城跡でもある。眺めがよく、国史跡の大宰府政庁跡と水城跡が間近に一望できる。

頂上から引き返しすぐ右へ。再び林道に出て右折し北へ上る。岩屋山から20分位で焼米ヶ原に辿り着く。宇美町との境に位置し、標高は330m。トイレ、駐車場がある。ここまで歩かずに車で来ることもできる。

この周辺は、10棟の建物跡の礎石が発見された尾花礎石群にあたる。広々とした草地で開放感がある。尾根道に見えるのは土塁で、ヤシャブシや、甘い実がなるムベなども目にする。土塁の小高い所から、宝満山《ほうまんざん》、嘉穂《かほ》アルプス、耳納《みのう》連山、眼下に九州国立博物館などを見渡すことができる。

帰りは来た道を戻る。途中で大宰府政庁跡の中央にある石碑辺りから四王寺山を眺めると、今日一日の思い出になるだろう。

【一口メモ】元号「令和」ゆかりの坂本八幡宮や、太宰府市コミュニティバスを利用して太宰府天満宮に立ち寄ることもできる。

岩屋山頂上

貴重な植物群落と
天神様ゆかりの大展望

天拝山麓の イヌマキ群

上：イヌマキ群落／下：長者の藤

菅原道真《みちざね》公が大宰府に左遷された後、無実を訴えるために山上から天を拝んだという天拝山《てんぱいざん》。県内では珍しいイヌマキの群落を山麓で観察できる。その周辺に自然公園や史跡もあるので一緒に巡ってみる。また、天拝山へ上るコースも紹介する。

JR「二日市《ふつかいち》」駅から歩き始める。駅前には駐車場があり、西鉄天神大牟田線「紫《むらさき》」駅も近い。踏み切りを渡り西へ。県道7号を左へ行くと二日市温泉街に入る。御前湯の前を右へ。県道31号、九州自動車道の高架をくぐり抜けてすぐ左へ。案内板に従い右へ向かうと池上《いけがみ》池が見え、二日市駅から30分程で天拝山歴史自然公園に着く。マイカーのときは、ここの駐車場に止める。九州自動車道の「筑紫野」ICから車で7分程。

公園にはトイレ、屋根が付いた休憩所がある。四季折々の植物が植え込ま

上：御自作天満宮の新緑／下左：荒穂神社／下右：天拝山頂上

れ、ツツジの名所でもある。人の姿をよく見かける。

　少し西へ行くと天神館の藤という名の藤棚がある。すぐ先には菅原道真公が天拝山に上る前に、体を清めたといわれる落差2ｍ程の紫藤《しとう》の滝がある。この滝を取り巻くように茂っているのがイヌマキで、よく見ると立派な林だ。寄せ植えされたもので、樹高の平均は約22ｍとのこと。「武蔵《むさし》のイヌマキ群」として、県の天然記念物に指定されている。

　ここから見えている寺が、九州最古といわれる武蔵寺《ぶぞうじ》。県の史跡に指定されている。ご本尊はツバキの一刀彫りの薬師如来。二日市温泉が発見されたのは、この薬師如来のお告げによると伝わる。境内には薬師如来ゆかりのツバキやクスノキの大樹をはじめ、四季を彩る木々が植栽されている。中でも創建者の藤原虎麿《とらまろ》が、自分の姓にちな

んで植えたとされる長者《ちょうじゃ》の藤は、「福岡県環境保全に関する条例」の地域象徴植物に指定されている。また、紫藤の滝の名の由来でもある。

寺のすぐ上には菅原道真公像をご神体とする御自作《ごじさく》天満宮がある。ここで新緑と紅葉が堪能できる。

天拝山歴史自然公園から天拝山に上るなら、次のコースがよいだろう。行者の滝を経由する約45分のコース。山歩きする人影を目にする。もうひとつは、荒穂神社を通る約65分のコース。こちらは散歩や子連れの家族などとよくすれ違う。

天拝山山頂に立つ天拝神社は、天拝山城の本丸跡にあたる。山頂にある展望台から福岡湾の島々、四王寺山《しおうじやま》、三《さん》郡《ぐん》山地、嘉穂《かほ》アルプス、眼下に九州自動車道などを見渡せる。

帰る途中、二日市温泉でひと風呂浴びるのもよいだろう。

【一口メモ】4月下旬頃、武蔵寺で藤まつりが、中秋の名月の時期には天拝山で観月会が開催されている。

天拝山頂上にある展望台

23

福津市（展望適地）

新宮・津屋崎の海岸線

見所の多い境内の先に長大な海岸線の絶景

その昔、玄界灘沿岸に筑前八松原といわれる松林があった。消滅したものもあるが、その中のひとつに古賀松原がある。新宮、古賀、花鶴《かづる》・花見《はなみ》、福間の4松原の総称とされるが、わかりづらいので、ここでは新宮、古賀、福津《ふくつ》の松原と呼ぶことにする。松林が続く海岸線は、磯崎鼻《いそざきはな》から津屋崎《つやざき》海岸まで約11㎞にわたり、見事な弓なりのカーブを描いている。福津市の宮《みや》地嶽《じだけ》神社裏の宮地岳《みやじだけ》（180m）から在自山《あらじやま》（249m）に向かう途中、この絶景を一望できる所（展望適地）があるので訪れてみる。

車でJR鹿児島本線「福間」駅から5分程走り、宮地嶽神社前交差点近くの駐車場に止める。西鉄バスを利用す

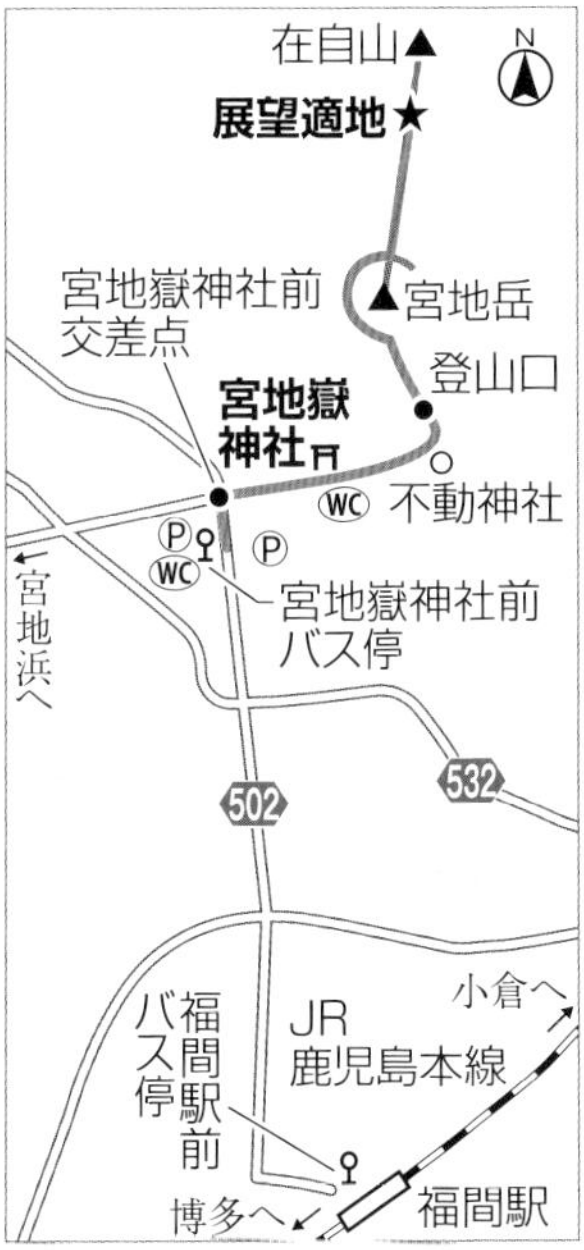

宮地嶽神社と背後に宮地岳

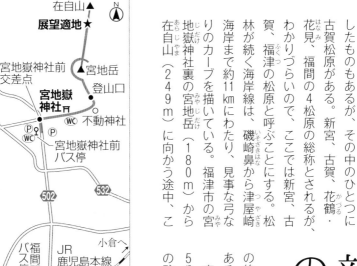

寒緋桜

るときは「福間駅前」から乗車し、「宮地嶽神社前」で下車。「福間」駅から歩く場合は、30分程で「宮地嶽神社前」交差点に着く。

　店が並ぶ参道を過ぎ、石段を上り詰めると5分程で宮地嶽神社の社殿に着く。そばの開運桜（寒緋桜《かんひざくら》）が、その年の木々の先陣を切って花をつける。

　ここからさらに舗装された坂道を上る。不動神社を越すと登山口があるのでそこを上る。沿道にはツツジ、カエ

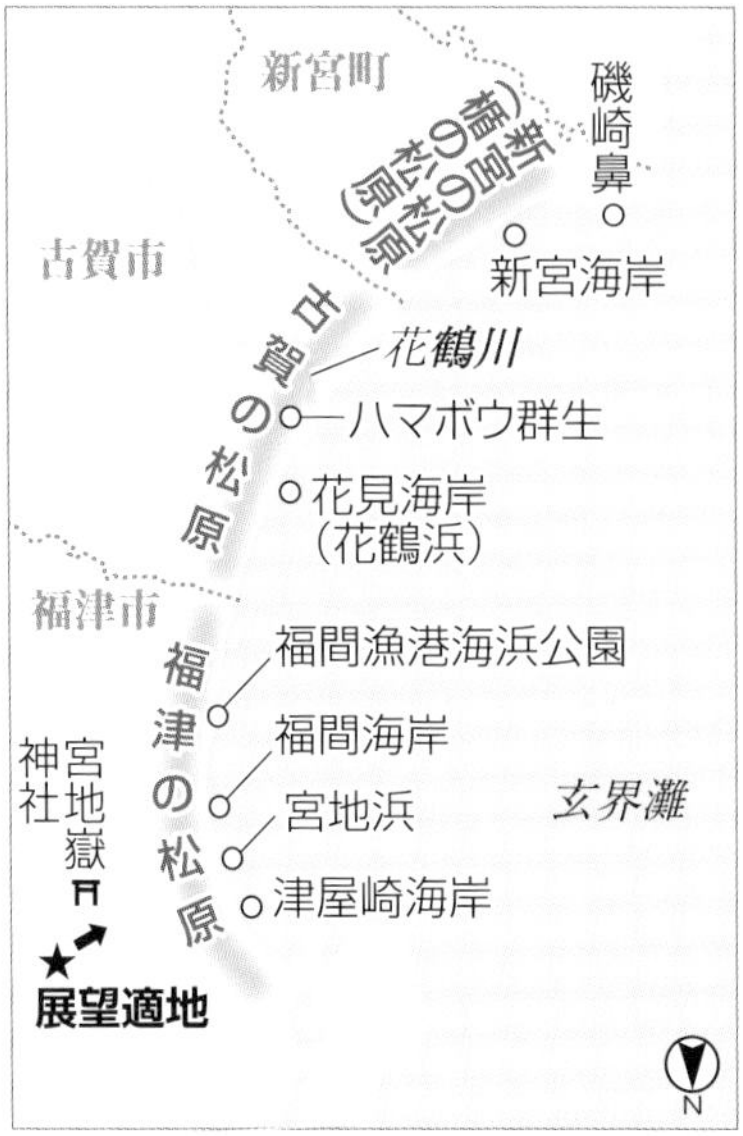

展望図

新宮・津屋崎の海岸線（展望適地より）

参道石段から望む相島

デ、サクラなどが植栽され、クヌギも多い。冬はツワブキの花が目にとまる。やがて木陰の山道に変わる。宮地岳へ向かう道との交点は左折し北進。坂を下り、上り返すと開けた場所に出る。ここが展望適地だ。社殿から40分程。

一番奥に見える磯崎鼻の突端から手前の津屋崎海岸の順に景色を見てみよう。磯崎鼻の下の砂浜は新宮海岸だ。周辺には新宮の松原が広がる。福岡藩が防風防砂のために植林したもので「楯《たて》の松原」と呼ばれる。古賀市に入ると花見海岸（花鶴浜）と古賀の松原がある。花鶴川河口付近では7月中旬頃、ハマボウの花が咲き誇る。海に少し飛び出した所は、福間海岸に隣接する福間漁港海浜公園だ。釣り筏《いかだ》で沖釣りも楽しめる。この辺りから福津の松原だが、松は減少している。宮地浜は宮地嶽神社の参道の突き当たりにある。すぐ隣りの津屋崎海岸とともに海水浴場になっている。

展望適地からはこの他、南から西にかけて立花山《たちばなやま》、糸島方面の山々、能古島、志賀島、玄界島、相島《あいのしま》が見える。帰りは来た道を戻る。

引き返す途中、神社の石段から景色を眺めると、真っ直ぐな参道の先に相島が見えてきれいだ。とくに毎年10月と2月の数日間、夕日が沈むときに光の道が姿を現す。

【一口メモ】海岸線の眺望を堪能するなら、樹木が葉を落とし視界が広がる季節がよい。

24

宗像市

地島のヤブツバキ自生地

神湊《こうのみなと》港から北北東に約5㎞、玄《げん》界灘《かいなだ》と響灘《ひびきなだ》の境目辺りに地島《じのしま》がある。『筑前国続風土記《ちくぜんのくにぞくふどき》』では慈島という名で登場する。島には猿毛山《さるげやま》（136ｍ）、祇園山《ぎおんやま》（142ｍ）、遠見山《とおみやま》（186ｍ）の3つの山があり、島内のほとんどが原生林に覆われている。とくにヤブツバキが約6000本自生しているのが特徴だ。島内を歩きながら、自然と島からの景色を満喫する。

JR鹿児島本線「東郷《とうごう》」駅から西鉄バスに乗り「神湊波止場」で下車。車のときは、神湊港（神湊渡船ターミナル）の駐車場に止める。神湊港からは宗像市営渡船の地島行きに乗船し、泊《とまり》渡船場まで15分間の船旅を楽しむ。

原生林に覆われた小島で海の景色を堪能する

まずは島の南側を周回するコース。渡船場から舗装された道を北へ。宗像《むなかた》三女神《さんじょしん》が祀られている厳島《いつくしま》神社の先の分岐①は右へ上る。角に水道施設がある。初夏はホトトギスの鳴き声を耳にする。まもなく舗装道から山道に変わる。ヤブツバキ、ヤブニッケイなどを目にする。花の蜜が好きなヒヨドリ、メジロなども多くなる。大敷《おおしき》展望台では北九州方面の景色が望める。

尾根道を北西に上り詰めると、島内

上：さつき松原と湯川山（親水広場より）
右：ヤブツバキ

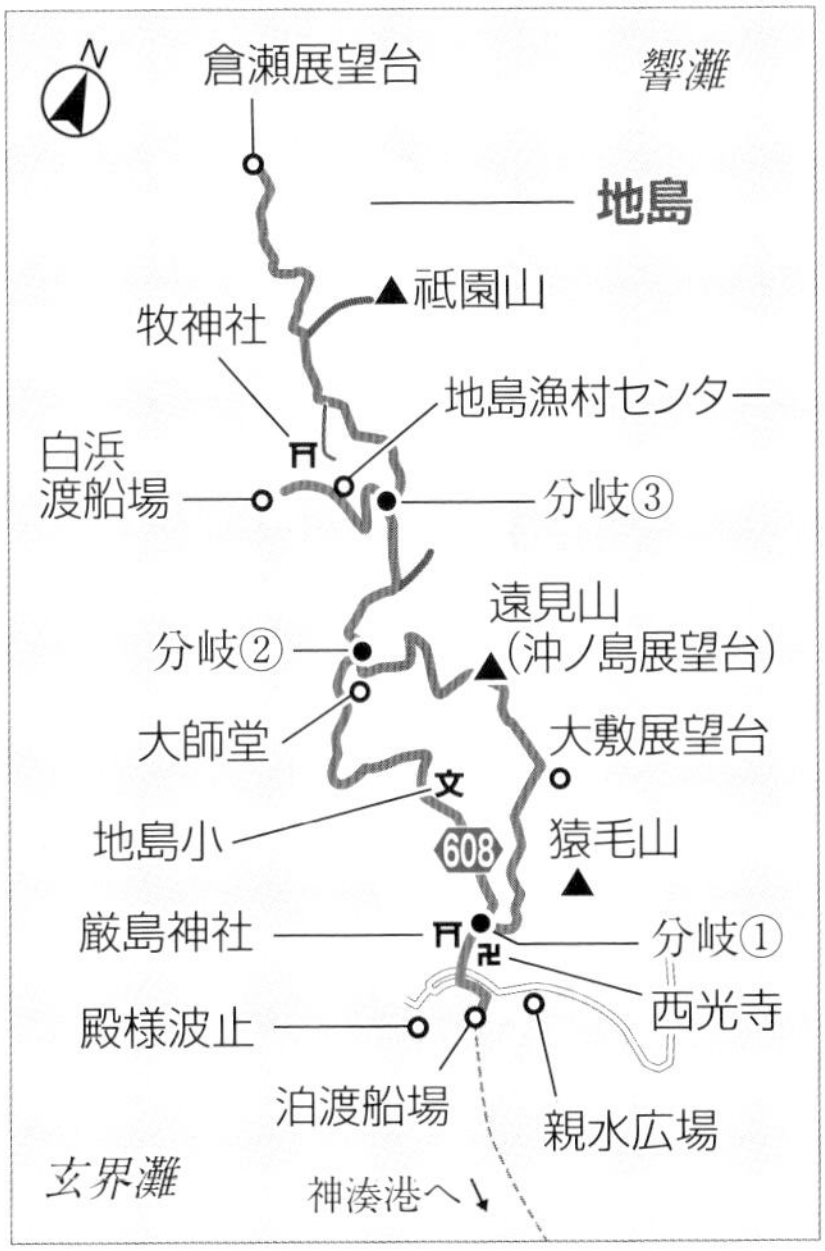

最高峰の遠見山の頂上に着く。渡船場から35分程。江戸時代には遠見《とおみ》番所《ばんしょ》が置かれていた。沖《おき》ノ島《しま》展望台とも呼ばれ、祇園山、響灘、沖ノ島が見える。

下りは南西へ。ヤブツバキが群生している。花は1月から3月が見頃。大《たい》師堂《しどう》を過ぎ石段を下ると、山頂から15分程で分岐②に下りてくる。左に曲がり県道608号（豊岡泊線）を南へ。地島小学校を過ぎ、やがて周回して渡船場に戻ってくる。分岐②から20分程。渡船場周辺を散策することもできる。黒田長政が築いたといわれる「殿様波《とのさまば》止《と》」があり、磯釣りする人の姿も見かける。親水広場から対岸のさつき松原方面の景色が拝める。

もっと島を巡りたい人は縦断するのもよいだろう。分岐②から渡船場に向かわず右折して舗装道を北進する。沿道にヤブツバキがさらに多くなる。15分程で分岐③に着く。

右へ向かい、坂を下って上り、祇園山へ上る分かれ道はそのまま直進する。舗装道が終わり土道を北へ上ると、まもなく倉瀬《くらせ》展望台に着く。分岐③から25分程。相《あいの》島《しま》、大島、倉瀬灯台、沖ノ島などを見渡せる。

分岐③まで引き返し右へ下る。地島漁村センター、牧神社を越すと、倉瀬展望台から30分程で白《しら》浜《はま》渡船場に辿り着く。ここから船に乗り、泊渡船場を経由して神湊港まで約25分。

【一口メモ】島の特産品はウニ、ワカメ、ツバキの実を搾った椿油など。毎年3月に「地島椿まつり」が開催される。

倉瀬展望台（奥は大島）

静寂な森の参道を歩き、
貴重な文化財たちと出会う

高良大社の森

上：高良大社の参道
左：二の鳥居

耳《み》納《のう》連山の西端に位置する高良山《こうらさん》（312ｍ）。その中腹（230ｍ）に鎮座するのが高良大社だ。筑後国の一《いち》の宮《みや》で、一年を通して歩いている人や参拝客の姿をよく見かける。大社の森を、自然や史跡と触れ合いながら歩いてみる。

ＪＲ「久留米大学前」駅から歩き始める。南筑《なんちく》高校の先を左へ。大社への誘導標識を利用し、平坦な舗装道を歩く。正面には高良大社が見える。まもなく久留米藩主・有馬忠頼《ただより》が寄進した国指定文化財の石造大鳥居（一の鳥居）が現れる。すぐ先の九州自動車道の高架をくぐり右斜めの道へ。マイカーの場合は左へ進む。御手洗《みたらい》池を過ぎると、駅から徒歩25分程で二の鳥居（標高70ｍ）に着く。マイカーのときはここに駐車する。

スギ林に自然木が混じる木陰の参道を上る。随所に案内板や解説板がある。

静寂な雰囲気の中、心地よく歩くことができる。

国指定史跡の高良山神籠石《こうごいし》を横切る。この神籠石は古代の山城の一種といわれ、大社の背後から約1・6㎞にわたり残されている。

モウソウキンメイチク林

神功《じんぐう》皇后ゆかりの背くらべ石、馬蹄《ばてい》石《せき》、夫婦榊《めおとさかき》、式内《しきない》伊勢《いせ》天照御祖《あまてらすみおや》神社などが現れる。花の蜜を求めるヒヨドリやメジロなどとも出会う。沿道にはアジサイ、高良山本坊跡付近にはカエデが植栽され、花や紅葉の季節には森の中を彩る。

ご神木のクスノキ

舗装道を越え石段を上ると、モウソウキンメイチク林が現れる。竹の表面に、黄色に緑色の縦縞があるのが印象深い。学術的にも貴重な竹林で、国の天然記念物に指定されている。

高良玉垂宮と書かれた鳥居をくぐり石段を上り詰めると、二の鳥居から35分程で高良大社の社殿前に到着する。ご神木は樹齢約４００年のクスノキの大木で、県の天然記念物に指定されている。展望所からは、九千部山《くせんぶやま》、筑後川、久留米市街などを見渡せる。

高良大社

高良山奥ノ院まで足を延ばしてみるのもよい。「高良森林公園遊歩道入口」の標識から山道に入る。ほぼ平坦な道で歩きやすい。寒い時期はアオキ、アリドオシ、ハナミョウガなどの赤い実が目立つ。運がよければ初夏にキビタキなどにも遭遇する。ドングリがなるアラカシやシイノキなどの自然木、とくにシロバイが多い。奥ノ院には30分程で辿り着く。

マイカーなら、大社の駐車場に駐車し、その周辺だけを散策するのもよいだろう。

［一口メモ］ 近くに久留米森林つつじ公園もある。４・５月頃、久留米つつじをはじめ数多くのツツジが咲き誇る。駐車場からの展望もおすすめ。

久留米森林つつじ公園

26

朝倉市（展望適地）

耳納連山と筑後平野

桜の名所から少し上れば山地と平野の大パノラマ

大平山（南側より）

久留米市から大分県境まで東西に延びる耳納《みのう》山地（水縄山地）。一般的に高良山《こうらさん》（３１２ｍ）から鷹取《たかとり》山《やま》（８０２ｍ）までを耳納連山と呼ぶ。起伏の少ない尾根に、久留米市の御井《みい》町から田主丸《たぬしまる》町森部《もりべ》まで、耳納スカイラインという名の林道が通っている。耳納連山は県内最大の筑後平野を南北に区切り、北面の筑後川流域に広がる平野は、両筑《りょうちく》平野（北野平野）と呼ばれる。山地と平野が織りなす雄大な景色を、朝倉市の大平山《おおひらやま》（３１５ｍ）から観望する。

車で大分自動車道「甘木」ＩＣから降り、「旭町《あさひまち》」交差点先の甘木公園の駐車場に止める。西鉄バスを利用するときは、ＪＲ鹿児島本線「二日市《ふつかいち》」か、西鉄天神大牟田線「朝倉街道」から乗車し、「甘木営業所」で下車。公園まで徒歩約10分。標高は50ｍ。ここから出発する。

甘木公園

丸山池を過ぎると、歩行者専用の舗装された上り坂になる。歩いている人とよく出会う。休憩所の先から木陰の山道に変わる。春は陽だまりでフデリンドウなどを目にする。公園から75分程で大平山の山頂に到着する。周辺にはコバノミツバツツジ、ドウダンツツジなどが植栽されていて、花と紅葉が楽しめる。

頂上から両筑平野（北野平野）と、左肩上がりに横たわる耳納連山が見渡せる。名前のついた山は10以上ある。なだらかな山地のためすべての山を識別するのは難しいが、特徴を押さえながら西から東に眺めてみよう。

山麓から少し傾斜を上った所の突起部が高良山だ。中腹にある高良大社（標高２３０ｍ）、久留米森林つつじ公園からの展望はよい。高良大社から鷹取山間近まで約18㎞。耳納スカイラインをドライブしながら、いろいろと立ち寄ることができる。

連山の中央付近がグライダー山（６４０ｍ）。その昔、この山から飛んだグライダーが飛行時間の日本新記録を樹立した記念に名づけられた。今はパラグライダーなどが離陸する。展望は抜群で夜景も美しい。すぐ隣りが夏目漱石ゆかりの発心山《ほっしんざん》（６９７ｍ）で、ここも眺望がよい。

東端の一番高い所が鷹取山にあたる。山頂は広く平坦な草地で、大分、熊本、長崎の山々も眺められる。

大平山の頂上からはこの他、杷木《はき》の麻氐良山《までらさん》や県内最高峰の釈迦岳《しゃかだけ》、長崎の雲仙岳《うんぜんだけ》を遠望できる。

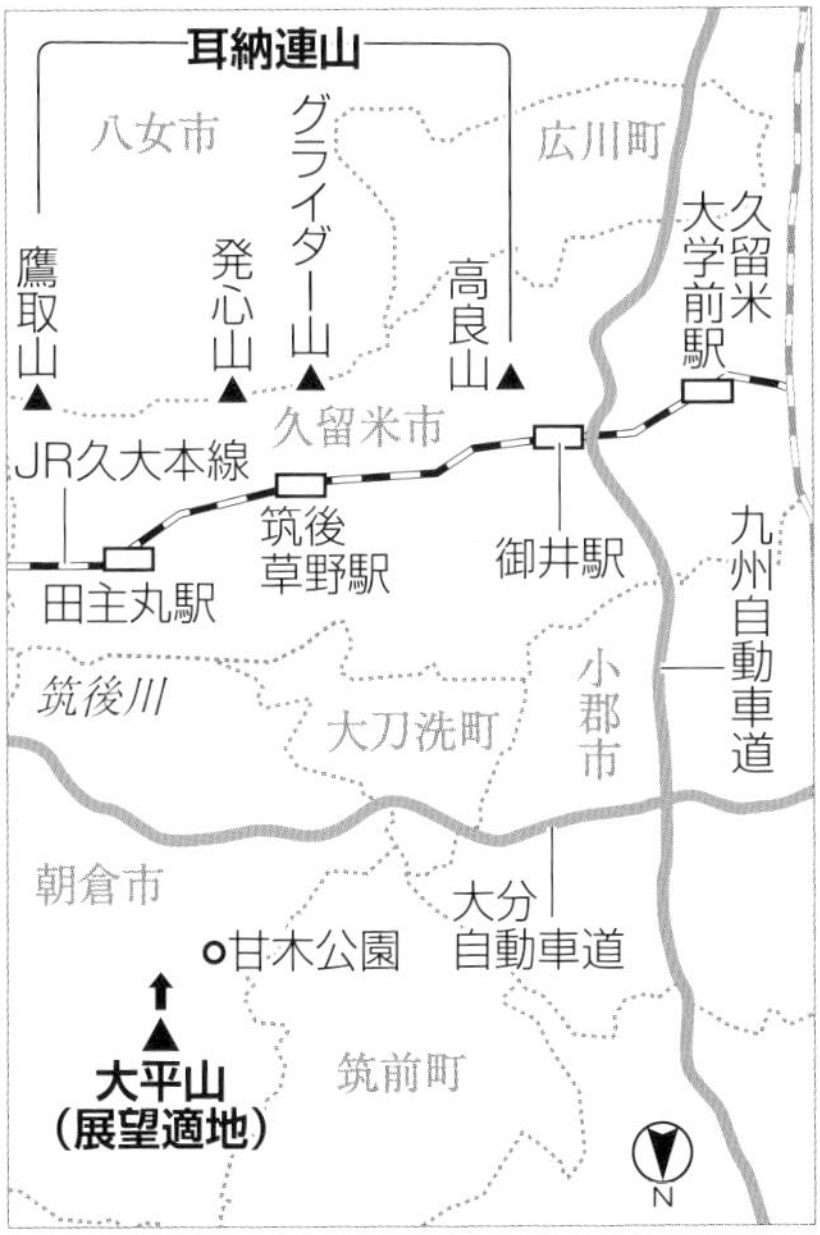

展望図

大平山頂上

帰りは来た道を引き返す。甘木公園はサクラの名所で3月下旬頃から桜花爛漫となる。

〔別ルート〕大平山から尾根伝いに東に向かうと安見ヶ城山《やすみがじょうやま》（300m）がある。片道約25分。

〔一口メモ〕紹介した4つの山の頂上にはいずれも、林道に車を停めて徒歩5分程で辿り着く。また山を歩くなら、久大本線の各駅からコースがあるので利用するとよい。

耳納連山と筑後平野（大平山頂上より）

27

堀川用水の大クスと水車群

朝倉市

筑後川沿いの自然と先人たちの知恵の結晶

隠家森

阿蘇山を水源とし、有明海に注ぐ九州最大河川の筑後川。筑紫《つくし》次《じ》郎《ろう》の異名をもつ日本三大暴れ川のひとつで、昔から災害も多かった。寛文《かんぶん》2（1662）年の大干魃《かんばつ》がきっかけで翌年、筑後川から取水する堀川用水ができた。この取水口近くの山田地区には、クスノキの大樹が集まっている。また、取水口から2㎞程下流には、水流を利用して高い土地に水を汲み上げる揚水車《ようすいしゃ》群があり、日本最古の実働する水車として有名だ。堀川沿いに大クスと史跡を見て回る。

山田堰の水門

JR「二日市《ふつかいち》」駅か西鉄天神大牟田線「朝倉街道」駅から西鉄バスに乗車し、「恵蘇《えそ》ノ宿《しゅく》」バス停で下車。

まず恵蘇八幡宮を目指す。徒歩約10分。車の場合は大分自動車道「朝倉」ICで降り、恵蘇八幡宮隣りの木《こ》の丸《まる》公園に駐車する。トイレもある。

恵蘇八幡宮は朝倉地域の総社。境内に樹高32m、幹周り9mの大クスがあり、県の天然記念物に指定されている。

国道を挟んですぐ目の前の水《すい》神社の下には、寛政《かんせい》2（1790）年に完成した山田堰《やまだぜき》がある。ここで例年6月17日に堀川用水の通水式が行われ、揚水車群が稼働を始める。この神社にも樹高21m、幹周り8mの県指定天然記念物の大クスがある。

筑後川沿いの道を、西の下流に向かって歩く。河原ではサギやセキレイの仲間など、水辺の鳥を見かける。恵蘇宿橋との交点を右へ曲がると、水神社から15分程で隠家森《かくれがのもり》と呼ばれる大クスに着く。名前の由来は、その昔この辺りに関が設けられていて、往来するときに名乗れない者は夜になるまで、森のようなこの大クスに隠れていたためと伝わる。樹齢1500年以上、幹周り18m、根周りは何と35mもあり、幹の内部は大きな空間が広がる。国指定の天然記念物である。

菱野の三連水車（奥は耳納連山）

隠家森から菱野《ひしの》の三連水車まで徒歩15分程。マイカーのときは駐車場に戻り、車で「菱野」交差点を左折し、三連水車手前の駐車場に止める。

朝倉の揚水車群は、この三連水車を含め3カ所7基あり、堀川用水とともに国指定の史跡だ。水車は5年ごとに作り替えられ、その技術を継承しているという。また堀川用水は農林水産省の「疏水《そすい》百選」に、菱野の三連水車は「人と自然が織りなす日本の風景百選」に選ばれている。揚水車群の背後には、なだらかな耳納《みのう》連山の姿を望める。

西に向かうと5～6分程で、三島の二連水車、久重《ひさしげ》の二連水車まで行くことができる。

ここからは来た道を引き返し「菱野」バス停へ。徒歩約10分。

［一口メモ］揚水車群が動いている姿は、例年6月17日から10月中旬の水稲作付期間だけ見ることができる。

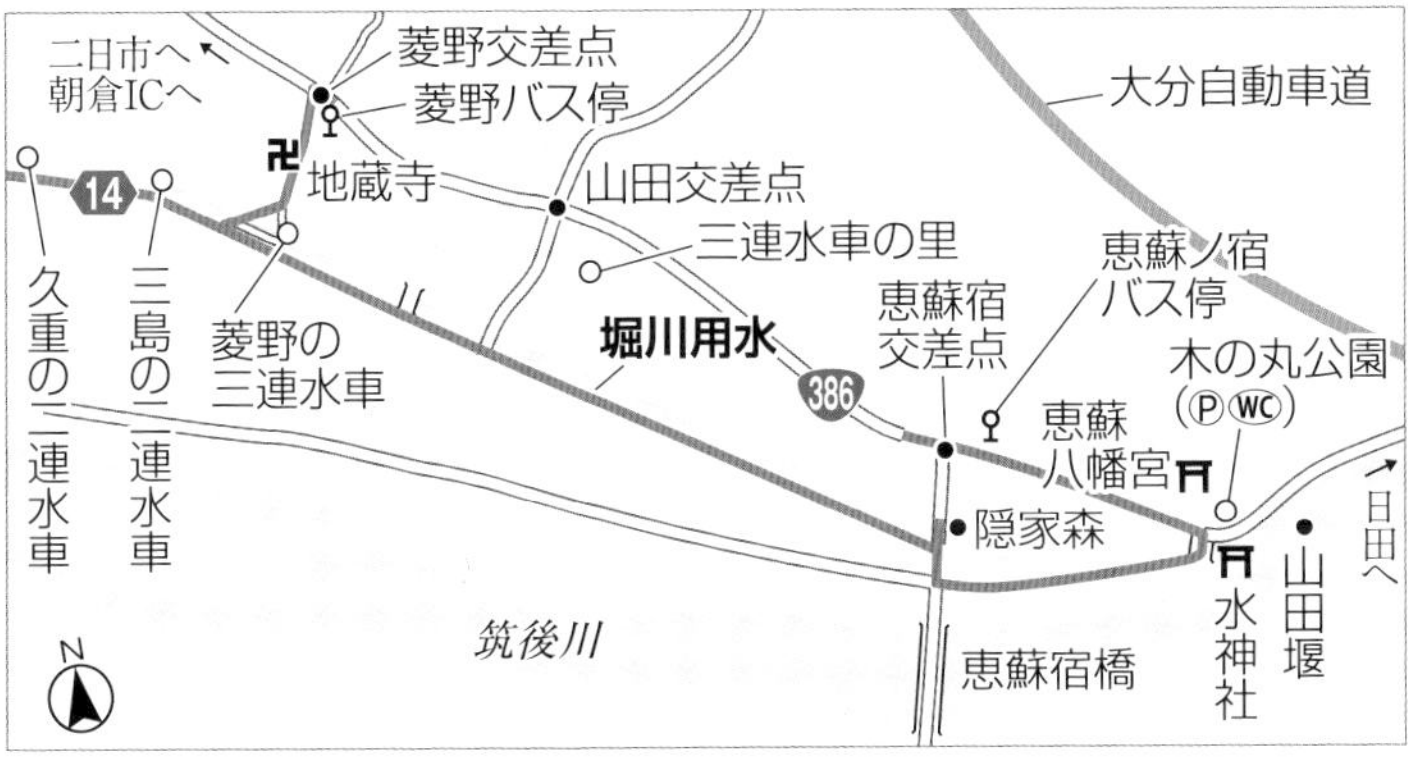

28 巨瀬の三滝

うきは市

わずか1㎞で3つの滝
贅沢な清涼スポット

調音の滝

筑後地方の耳納《みのう》連山の東に位置する鷹取山《たかとりやま》（802m）を源流とし、うきは市内を通り筑後川に注ぐ巨《こ》瀬《せ》川。その谷間にある森林は、人との理想的な関係が作られているということから、林野庁の「水源の森百選」のひとつに選ばれている。選定にあたり重要な要素となった、巨瀬川にある3つの滝は「巨瀬の三滝」と呼ばれている。約1㎞の間にある三者三様の滝を巡ってみよう。

JR久大本線「うきは」駅南側を通る国道210号の「中千足《なかせんぞく》」交差点からマイカーで県道52号に入り、南西へ道なりに上る。駅から約7・5㎞進むと調音の滝公園の駐車場に着く。標高は300m。調音の滝を中心に渓谷に作られた公園で、トイレ、休憩所がある。

園内に入り坂道を数分歩くと、目の前に調音《ちょうおん》の滝が現れる。高さ27m、幅9mほどの滝で、三滝の中では一番大きく名も知られている。江戸時代、久留米藩主の奥方が領内を巡り歩いていた際、この滝に立ち寄られた。メロディーを奏でるかのように流れ落ちる滝の音に感動され「調音の滝」と命名されたと伝わる。また「イロハ」の文字を描くように水が流れることから「いろは滝」という異名をもつ。滝のそばに近づくと冷気が漂ってくる。

筑後川源流の碑

園内を抜け鷹取山方面へ、少し傾斜

斧渕の滝

魚返りの滝

がある木陰の舗装された道を上る。スギ、ヒノキの植林が主だが、所々で自然木も目にする。秋になると陽だまりでヒヨドリバナ、ヌマダイコンなどの花も群生する。留鳥《りゅうちょう》のヤマガラなどにはいつも出会う。

「筑後川源流の碑」と書かれた記念碑の先を左へ少し下ると魚返《うおがえ》りの滝に着く。公園から15分程。岩盤が削られてできた溝の間を勢いよく一気に流れ落ちる水を見ていると、魚も上るのは難しいだろうなと実感させられる。

さらに上流に向かって坂道を上る。冬になると沿道のヤブミョウガやフユイチゴの赤い実が目を引く。魚返りの滝から数えて2本目の小さな橋を渡り終え、すぐ先を左に下れば15分程で斧《おの》渕《ぶち》の滝に辿り着く。切れ込みが浅い階段状の岩盤の上を、穏やかな水しぶきを上げながら優雅に落下している。周りには落葉樹があり、秋は滝と紅葉の組み合わせが素敵だ。ここからは上ってきた道を引き返す。

調音の滝公園では、夏季だけ流水プール、そうめん流し、地元の特産物を販売する店などが開いている。

【一口メモ】うきは駅から国道210号を約2㎞東へ進むと清水寺《きよみずでら》がある。境内には環境省が「名水百選」に選定した清水湧水《きよみずゆうすい》がある。

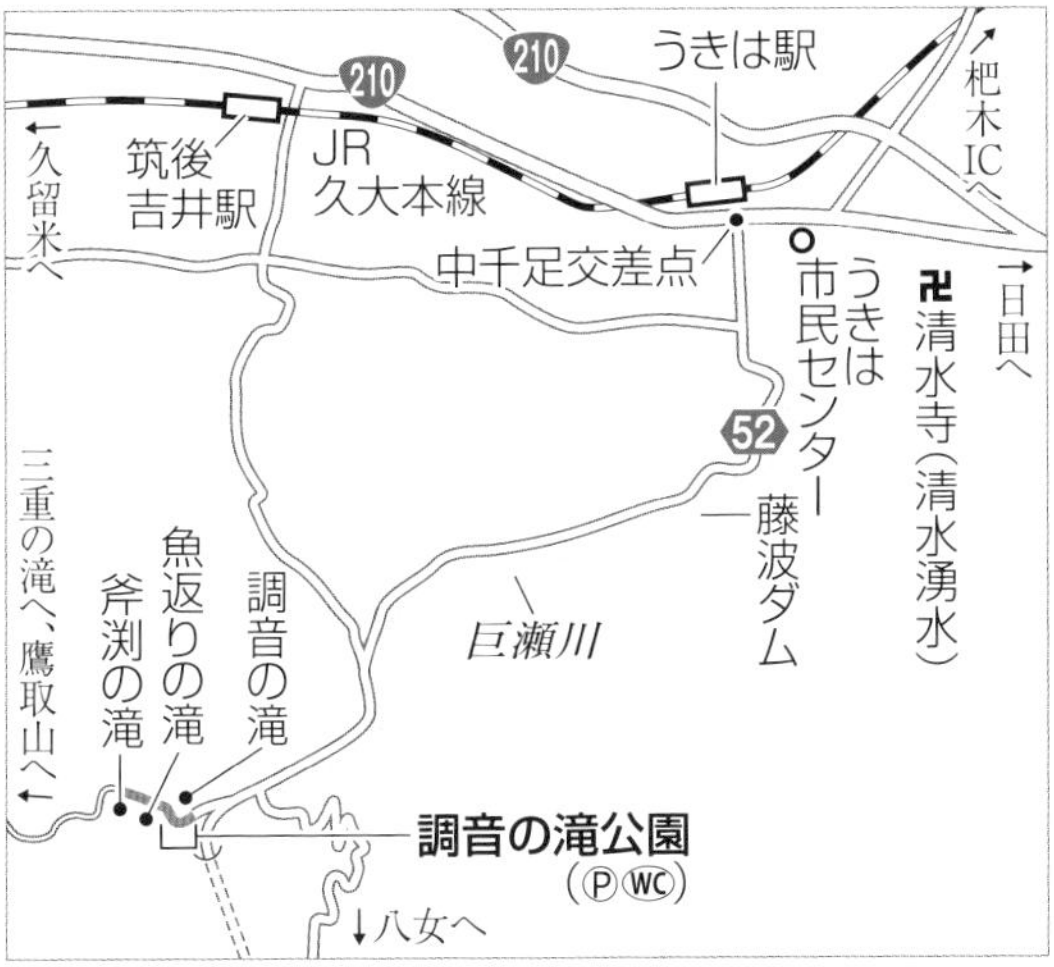

29

うきは市

浮羽の棚田と奇岩群

城壁ともなった奇岩群と日本の美しい山村風景

つづら棚田（つづら棚田の駐車場手前より）

うきは市は、北に筑後平野を流れる筑後川、南側には耳納《みのう》連山がある。山間部の浮羽《うきは》町新川《にいかわ》の葛籠《つづら》地区には、急斜面に階段状に石積みされた棚田があり、美しい農村景観を醸し出している。平成11（1999）年、農林水産省の「日本の棚田百選」にも選ばれた。棚田に向かう途中、長岩《ながいわ》城址がある。奇岩群が天然の城壁をなし、難攻不落の堅城といわれた山城で、今は長岩公園として整備されている。

車で大分自動車道「杷木《はき》」ＩＣから

説教所

地蔵岩

県道52号を南へ。国道210号を横切り、県道106号を南東へ上る。長岩公園、長岩城址、つづら棚田へ向かう標識に従い車を走らせる。合所《ごうしょ》ダムを過ぎ、分田《ぶんだ》橋を渡り、その先の分岐は県道から外れ右へ。分岐付近に「新川葛籠」の石標が立っている。まもなく長岩公園（長岩城址）入口（標高270m）に着く。杷木ICから約14kmで30分程。近くの駐車場に止めて歩く。

石段を上ると正面に居城跡の説教所が現れる。すぐそばの地蔵岩はくり抜かれて石仏が並んでいる。説教所の左側の山道を上り、分かれ道を右に少し行くと広場に出る。目の前に長岩がそびえている。この付近に本丸があったと伝わる。分岐に引き返し、そのまま南へ向かう。ヤブツバキやカエデ、シャクナゲ、サクラなども目にする。傾斜がある坂を上り、短い梯子を登り切ると物見岩の頂上に立つ。長岩をはじめ近くの山や岩肌が望める。念仏岩の方に下ると駐車場に帰り着く。一周約20分。

再び車で1・6kmほど南へ走り、つづら棚田の駐車場（標高400m）に止める。トイレ近くの小高い所（展望適地①）から棚田を眺めることができる。葛籠

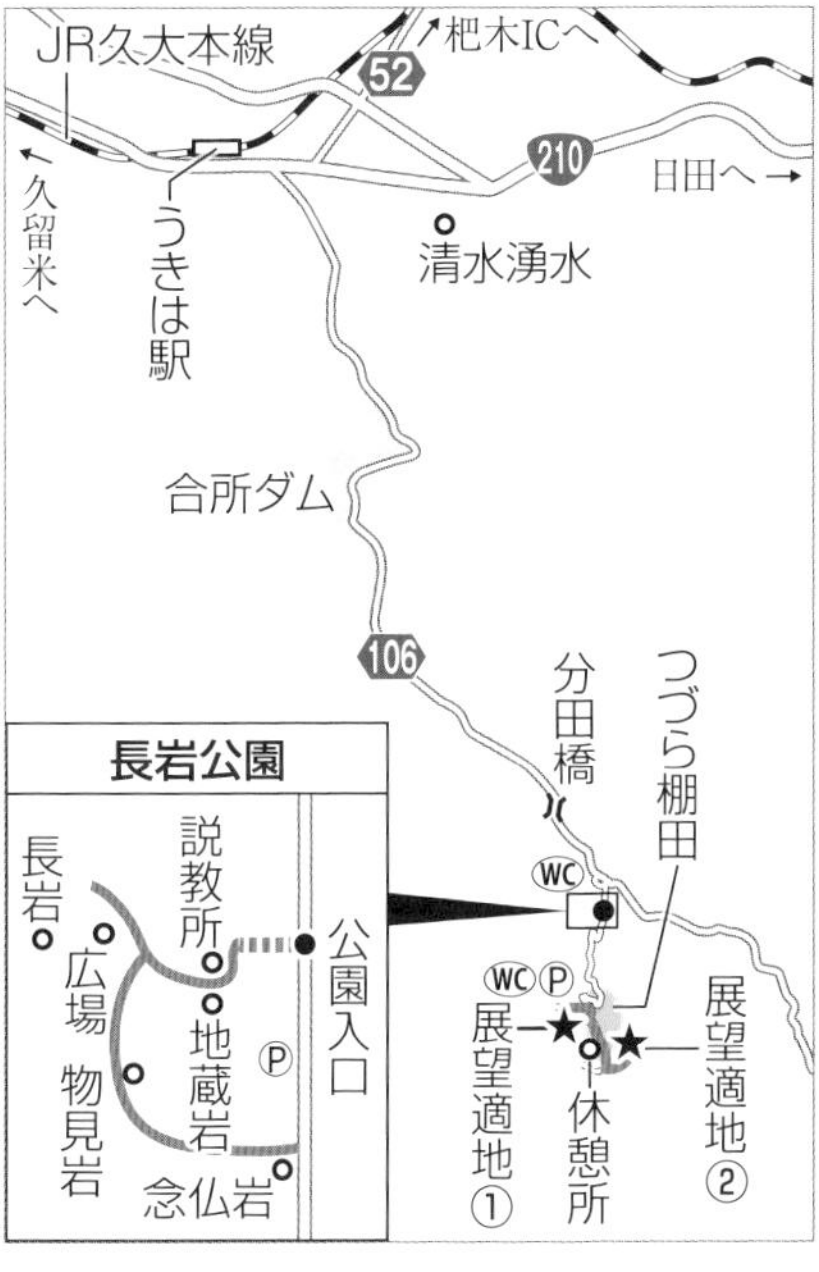

長岩（物見岩頂上より）

地区の棚田は400年以上前から維持管理され、約6haに300枚程の棚田があるとのこと。

さらに15分程南に上り、分岐を左折して少し行くと展望適地②（標高450m）に着く。道の左側にある狭いスペースなので注意を。ここから棚田の全景を見下ろすことができる。

広い棚田の中を歩き回ると、様々な棚田の姿を味わうことができる。畦道《あぜみち》を崩す、田んぼの中に足を踏み入れる、ごみを落とすことなどがないように注意を。秋にはミゾソバ、ツリフネソウ、ヤマハッカ、ゲンノショウコ、ヒヨドリバナ、ノコンギクなど群生して咲く花に心も和む。例年9月、棚田の維持も兼ね「彼岸花めぐり」のイベントも開催されている。

【一口メモ】「名水百選」の清水湧水《きよみずゆうすい》に立ち寄ったり、筑後川温泉で日帰り湯を楽しんだりするのもよいだろう。

展望適地②（舗装道の左側）

つづら棚田（展望適地②より）

30

朝倉郡東峰村

宝珠岩屋の奇岩群

巨大な奇岩と岩場に立つ神社
その光景はまさに霊場

屏風岩

東《とう》峰《ほう》村は県中央部の東端に位置し、大分県との境界付近の山地には県内屈指の奇岩が林立する。火山活動と風化侵食によりできたもので「宝珠《ほうしゅ》岩屋《いわや》」の名で県指定天然記念物になっている。現在、岩屋公園として整備され、園内には貴重な樹木や英彦山修験《ひこさんしゅげん》道《どう》ゆかりの神社などもある。

車で大分自動車道「杷木《はき》」ICから県道52号を北へ。東峰村宝珠山庁舎、岩屋湧水《ゆうすい》（「平成の名水百選」）を過ぎると、まもなく「岩屋キャンプ場入口」がある。左折して坂を上ると、岩屋神社の鳥居が立つ「公園入口」（標高330m）に着く。ICから約15km。ここから歩く。間近に屏風《びょうぶ》岩が見える。

園内の山道は岩や苔むした石段が多いので運動靴、軽登山靴が無難。要所に誘導標識はあるが、散策路が複雑なため欲張らず、景観を堪能できる山道を周回する。

上り始めるとすぐオオツバキ（県指定天然記念物）が出迎えてくれる。分岐①には大イチョウ（県指定天然記念物）があり紅葉は美しい。この先、スギを主体にヤブツバキなど自然木の木陰になる。石段を少し上ると洞門がある。周辺に五百羅漢《ごひゃくらかん》の石像が散在する。

洞門をくぐり、すぐの分かれ道は右へ。石段を数分上ると梵字《ぼんじ》岩と針の耳。すぐ隣りに高さ50ｍを超える権現岩の窪みに立つ岩屋神社本殿がある。英彦山修験道に関係する貴重な建造物として国の重要文化財に指定されている。

西へ行き、すぐの分岐②を右へ曲がり石段を北へ上る。左上には天狗が蹴って穴をあけたと伝わる熊野岩の険しい岩場に建つ懸造《かけづく》りの熊野神社（国指定重要文化財）が見える。分岐②から2分程で「宝珠岩屋」石標がある所に着く。この辺りは「げんかいつつじ」（県指定天然記念物）という珍しい種類のツツジが群生している。

洞門

権現岩

権現岩の窪みに立つ岩屋神社本殿

熊野岩と熊野神社

分岐②まで引き返し、交点①まで平坦な道を西へ進み右折。大型キツツキのアオゲラが鳴く声も耳にする。不動尊が立つ分岐は左へ。ナンテンの群生が目立つ。林道へ向かう道との分岐はそのまま直進し、急な石段を上り詰めると疱瘡《ほうそう》岩の穴に建立された大日社《だいにちしゃ》に着く。

交点①まで戻り、右（南側）の道を分岐①に下り駐車場へ。一周45分程度。

［別ルート］ 展望適地は、権現岩から東へ1分程の所にある馬の首根《こうね》岩の上。それと「宝珠岩屋」石標から約12分歩いた所にある見晴《みはらし》岩の頂上だ。竹《たけ》地区の棚田などを見渡せる。どちらも岩をよじ登る区間があるので要注意。

［一口メモ］ 公園入口から約0・8㎞北進すると、農林水産省「日本の棚田百選」に選ばれた竹地区の棚田があり、駐車場そばの展望台から一望できる。

烏帽子岩

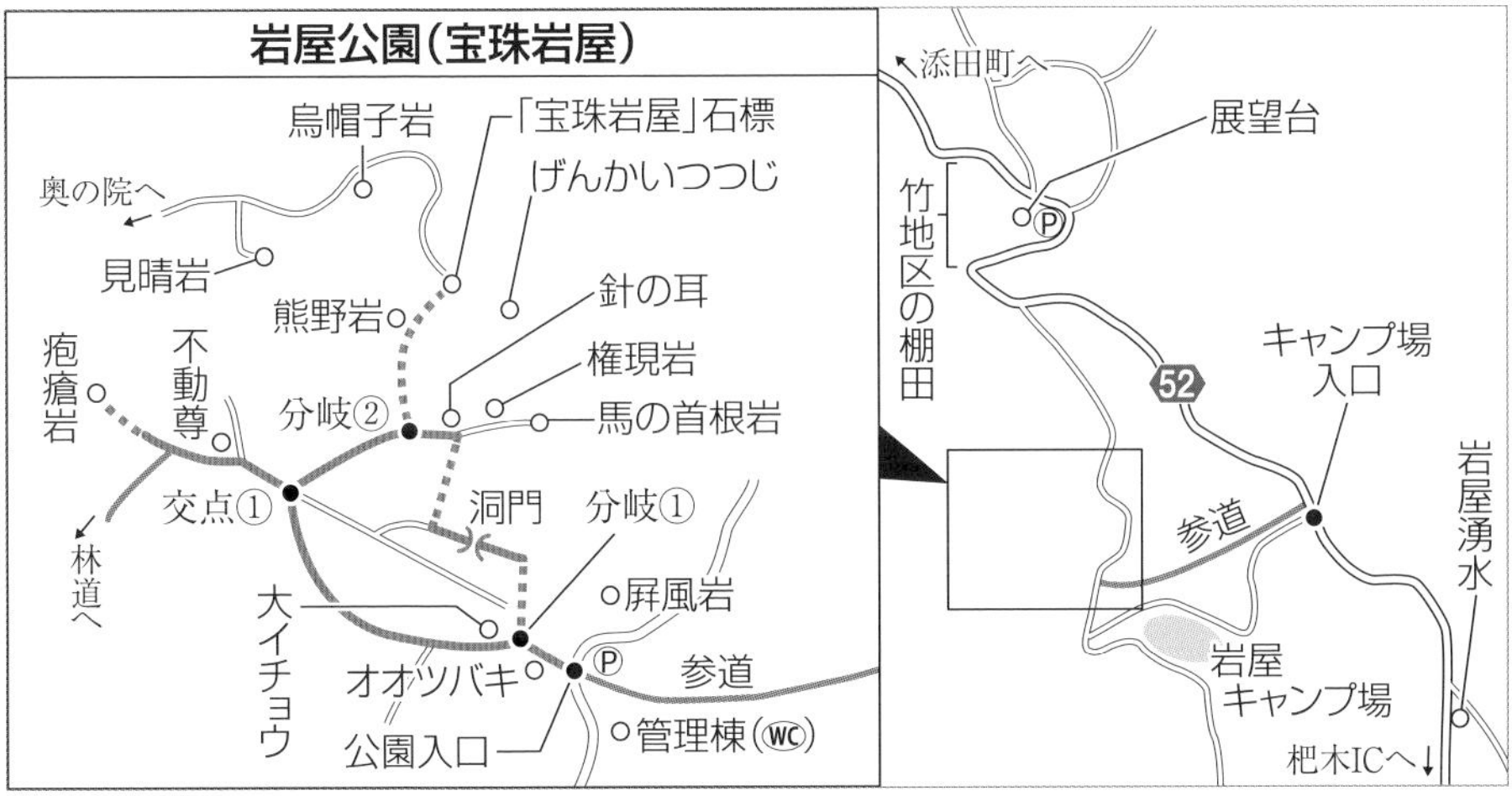

行者杉

修験者たちの植えたスギが数百年を経て形成した巨木の森

東《とう》峰《ほう》村の北部、標高470m程の位置に小石原《こいしわら》の集落がある。その昔、日本三大修験《しゅげん》の霊場のひとつである英彦山《ひこさん》の修験者（山伏）が峰入り修行を行う際、重要な行場となった深《じん》仙宿《せんしゅく》があった所だ。この修験者たちが峰入りするときに植栽したスギによって形成された森を行者杉《ぎょうじゃすぎ》という。長い年月を経て、大樹の森と化した行者杉とそれにまつわる遺構を巡る。

飯塚市方面から車で国道211号を南下する。「小石原」交差点から国道500号を約1・2㎞走ると、行者杉に関する案内板が立つ分岐①に辿り着く。近くにトイレもある。ここからスギが林立する、昼なお暗い舗装道を歩き始める。

行者堂辺りまでの一帯には、樹齢200年から300年のスギを中心に、行者杉の森が形成されている。国有林内にあり、希少個体群保護林にも指定されているので伐採は禁止。高木のスギの下には、まだら模様のカゴノキやシロダモ、ヒサカキ、とくにユズリハが目にとまる。ヤマガラなど針葉樹で見かける野鳥の鳴く声も聞こえる。分岐①から200m程歩くと、スギの巨木が密集するエリアの入口にあたる分岐②に着く。

中に入るとすぐ行者の母と呼ばれる「霊験杉《れいげんすぎ》」がある。その左手には、行者の父の名で親しまれている「大王杉《だいおうすぎ》」がそびえている。樹齢約600年、樹高52m、幹周り約8mの行

行者杉の入口（分岐②）

者杉を代表する巨木で、林野庁の「森の巨人たち百選」に選ばれている。少し奥には国見太郎の異名をもつ「境目《さかいめ》杉《すぎ》」があり、足元には「境目石」が背中合わせに2つ埋め込まれている。昔の筑前領と豊前領の境を示す石柱で、他にも間隔をあけて国境に並んでいる。南側に「鬼杉」もある。

分岐②に戻り南へ行くと「修験の路」の石碑が立つ分岐③があるので左へ。緩い坂を少し上ると行者堂がある。

大王杉

この辺りが深仙宿と呼ばれた、役行《えんのぎょう》者《じゃ》が開いた行場だ。石造りの護摩壇《ごまだん》なども残っている。山道を南へ数十m下ると香水池がある。役行者が大蛇をこらしめたとき、錫杖《しゃくじょう》で地面をついてできた霊泉と伝わり、修験者の飲用水ともいわれる。ここから分岐④に下り、舗装道を500m程歩いて駐車場に戻る。

［別ルート］帰りは皿山地区を経由し小石原庁舎方面へ向かい、国道211号を北進するのもよいだろう。小石原は焼物の産地としても有名。この区間には数多くの窯元があるので、あちこち立ち寄ることができる。

行者堂と護摩壇

［一口メモ］小石原では春と秋の年2回、それぞれ3日間ほど小石原焼と高取焼の大陶器市が催される。

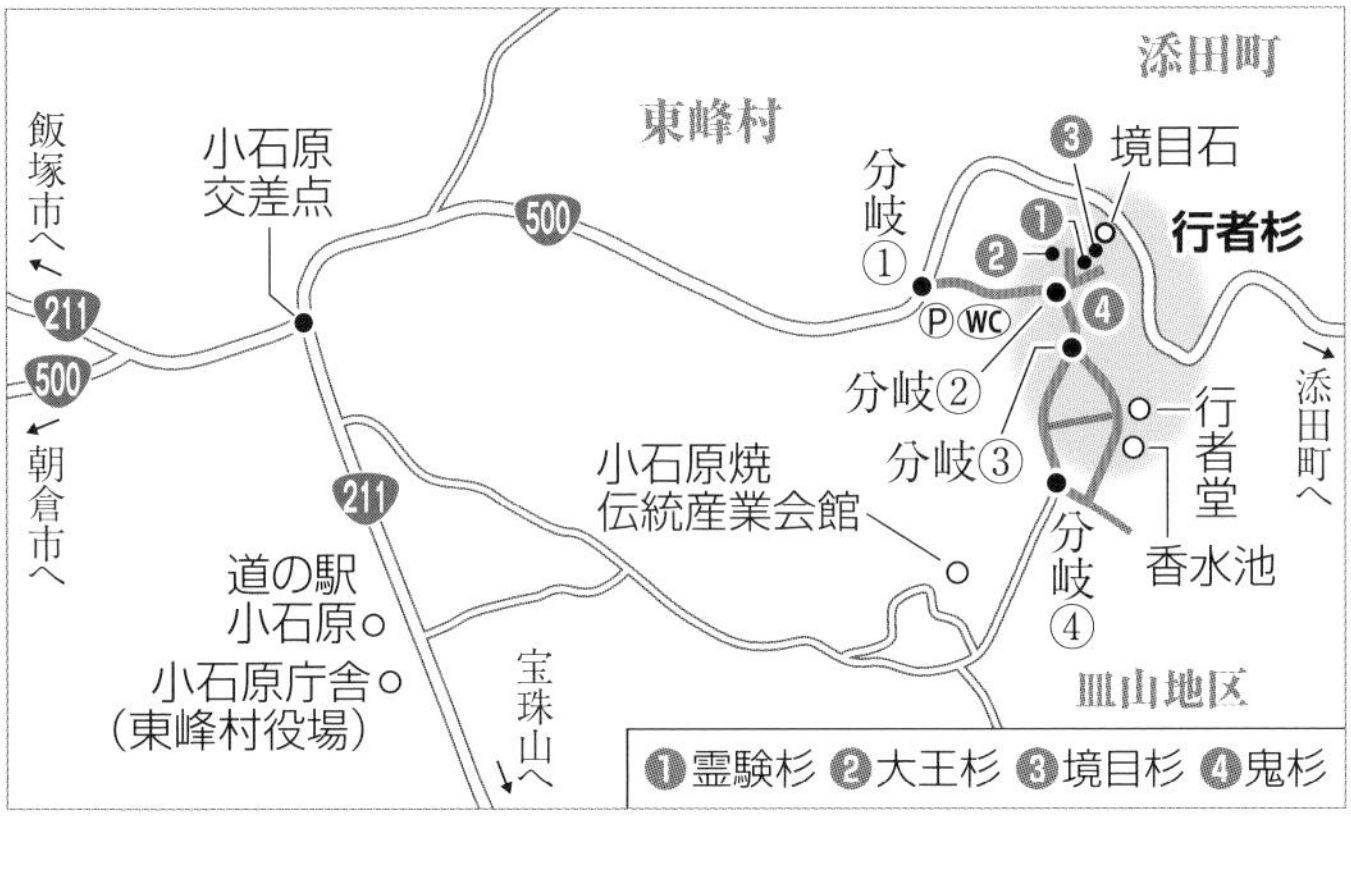

八女の大茶園

見渡す限りに広がる緑のじゅうたん

上：雄大に広がる茶畑（八女中央大茶園展望台より）
下左：分岐①（山の井公園を出発し右折した状況）／下右：童男山１号墳

「縁がないなら茶山にござれ　茶山茶どころ縁どころ」で始まる八女茶山唄。福岡県で生産されるお茶は「八女茶」と呼ばれる。八女茶は、周瑞禅師《しゅうずいぜんじ》が中国より帰国し、応永《おうえい》30（1423）年、現在の八女市黒木《くろぎ》町笠原《かさはら》に霊巌寺《れいがんじ》を建立するとともに、地元の庄屋に製茶法を授けたのが始まりとされる。八女市の茶畑は山間部と丘陵地にある。本《ほん》地区の緩やかな丘陵に広がる茶畑を眺めに巡り歩く。

九州自動車道の「広川」ICから国道3号を南へ。県道の84・82号、国道442号を経由し、山の井公園（標高50m）の駐車場に駐車する。広川ICから約10km。トイレがあり、そばにきれいな星野川が流れている。堀川バスを利用するときは、JR「羽犬塚《はいぬづか》」駅から乗車し、「上山内《かみやまうち》」で下車。山の井公園はすぐ近くにある。

「童男山《どうなんざん》古墳群」の標識がある分岐

①から右折し、舗装道の坂を上る。八女古墳群自然歩道の案内板が随所に出てくるので利用する。歩き始めて10分程で童男山1号墳に着く。県指定史跡で中も見学できる。

角に小さな茶畑がある交点①は左に上る。すぐに雑木の木陰道になる。ヒヨドリ、メジロなどの鳴く声も耳にする。分岐②は左の土道を進む。まもなく犬尾城址入口で、少し上ると犬尾城址（標高180m）に着く。童男山1号墳から15分程。

犬尾城址

鷹尾城址へ向かう道との分岐から下り坂になる。クヌギ並木を過ぎる頃から舗装道になる。角に納屋がある分岐③と分岐④は右へ。秋はミゾソバの花が群生する。道なりに歩いていると、左に「忠見地区団体営開拓パイロット事業概要」の石碑が現れる。その先の分岐⑤は左折し土道を下る。竹林、イヌマキ並木を抜け、再び舗装道となり、進行方向が開けてくると交点②に着く。辺りの景色は茶畑に変わる。

小高い所を目指して坂を上る。やがて犬尾城址から45分程で、八女中央大茶園展望台（標高170m）に到着する。駐車場、トイレがあり、五社神が祀られている。

目の前には、見渡す限り、緑のじゅうたんを敷いたような茶畑が広がる。この茶畑は八女茶の一大生産地を目指し、昭和44（1969）年から4年をかけ、県営パイロット事業として開発されたものだ。視界がよければ島原半島なども眺めることができる。

この展望台まで歩かずに、車で訪れることもできる。県道82号から八媛《やひめ》病院へ向かう道に入り、そのまま上ると辿り着く。広川ICから約9㎞。

【一口メモ】八女中央大茶園展望台までの途中、誘導標識が付いていない作業道などの分岐や交点もあるので注意を。

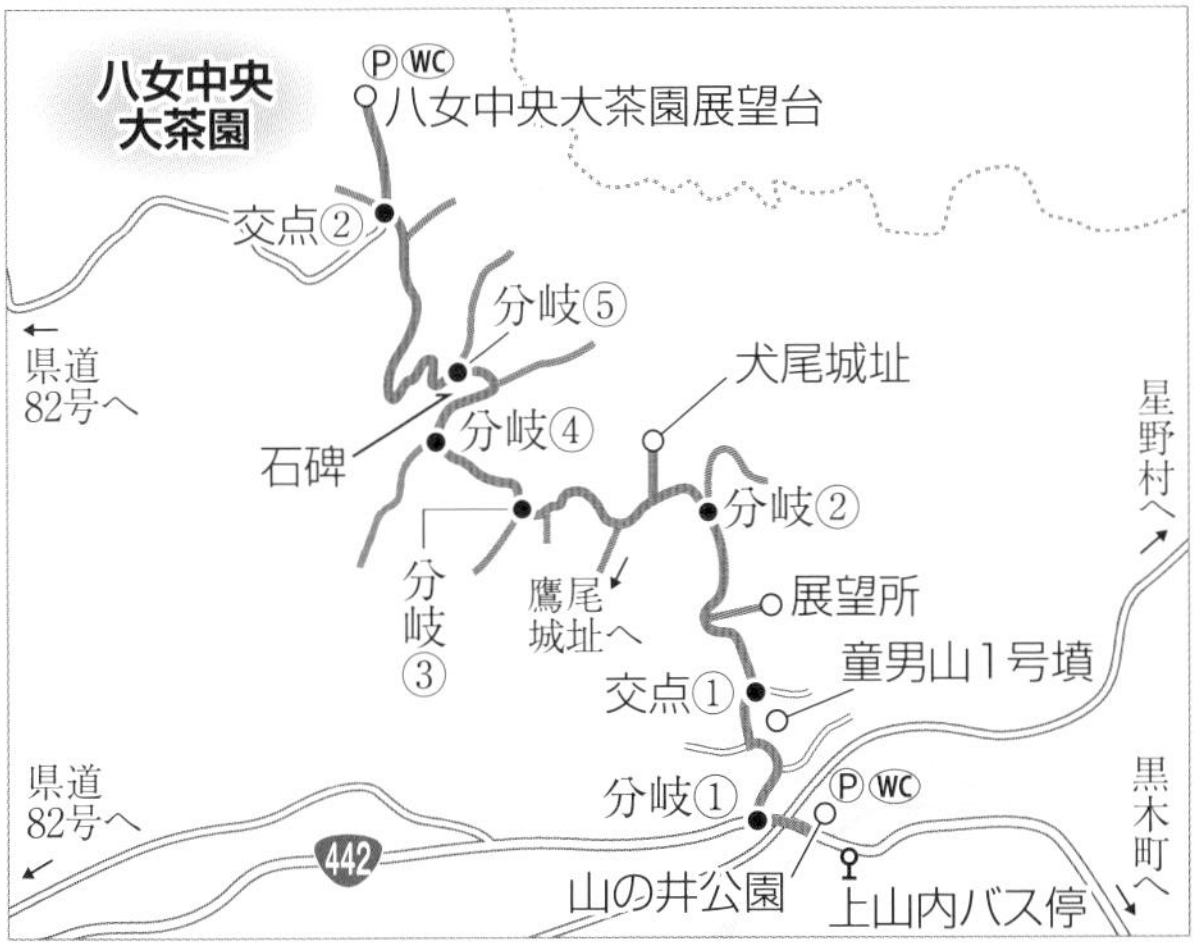

奥八女の奇岩群

大迫力の奇岩群を2つのスポットで堪能する

座禅岩手前から眺める奇岩群
（左端が珍宝岩、１つ飛ばして地蔵岩）

八女市の山間部に位置する旧黒木町・矢部村方面の渓流には、珍しい形の岩や巨岩がたくさんある。その中でも、八女茶の始祖ともいわれる周瑞禅師《しゅうずいぜんじ》が開いた霊巌寺《れいがんじ》と、美しい風景に魅せられて日向から神々がやって来たという日向神峡《ひゅうがみきょう》では、奇岩群を仰ぎ見ることができる。この2カ所をマイカーで巡ってみる。

九州自動車道の「広川」ＩＣから国道442号を東へ向かう。17㎞程走ると「黒木の大藤」に着く。この辺りから県道797号に入り、笠原《かさはら》川沿いを8㎞程進むと霊巌寺に着く。そばにあるお茶の里記念館付近に駐車する。

見上げると左に地蔵岩、右には高さ12ｍの珍宝《ちんぽう》岩（別名・男岩）が間近にそびえている。猫岩、屏風《びょうぶ》岩、女岩、仲人岩などの奇岩があり、「霊巌寺の奇岩」として県の天然記念物に指定されている。いろいろと散策できるが、

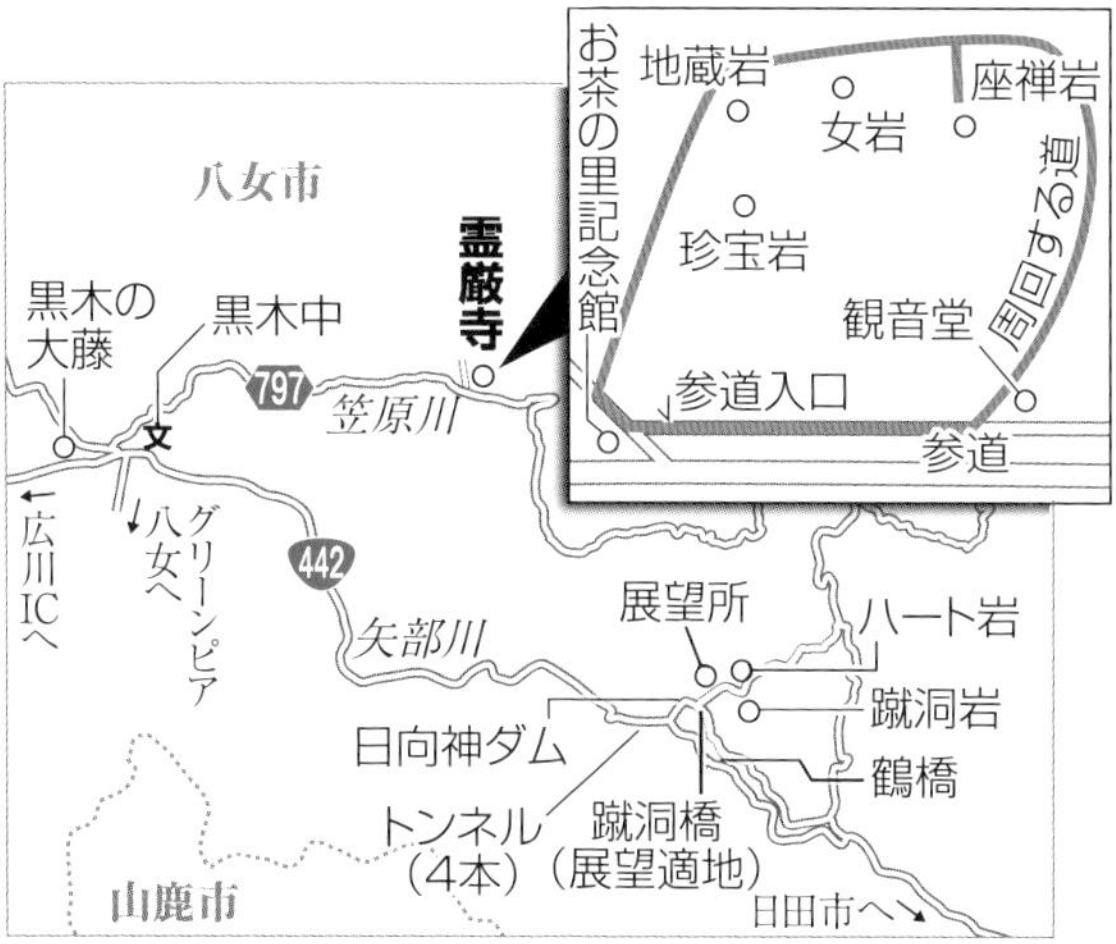

周瑞禅師像（霊巌寺観音堂そば）

参道入口から主だった岩を見ながら周回する。

豊かな自然に恵まれ、ちょっとした山歩きが楽しめる。小さな石像が並ぶ舗装道を過ぎ、観音堂の横から土道を上る。初夏にはホトトギスの鳴く声も響く。周瑞禅師が座ったという座禅岩の手前から、周りの奇岩やお茶の段々畑などを見晴らせる。坂を下って上り、地蔵岩の横を通り、奇岩をいくつか左に見ながら下り終えると、参道入口に帰り着く。所要時間は一周40分程。

霊巌寺を後に、次は車で日向神峡へ向かう。来た道を引き返し、国道442号を東進する。やがて短いトンネルが4回続く。トンネルを抜けるとすぐ右へ向かう。左の日向神ダムを通る道もあるが、とても道幅が狭いので避けた方が無難。赤色の鶴《つる》橋を渡り、桜並木の日向神湖沿いを

座禅岩

上：蹴洞橋から望むハート岩（左）と蹴洞岩
（中央右寄りの穴のあいた岩）
下左：蹴洞橋／下右：展望所周辺の奇岩群

1㎞程走ると、これも赤色で塗られた蹴《け》洞《ほぎ》橋（展望適地）に着く。車はこの付近の路上に止める。

橋の上から北側にいくつか巨岩を眺めることができる。とくに特徴的な岩が2つある。正面より少し右手に見えるのが蹴《け》洞《ほぎ》岩。天馬が岩を蹴飛ばしたとき、その蹄《ひづめ》があたってあいたという小さな穴がある岩だ。その左隣りにあるのがハート岩。一目でそれとわかる形をしている。

時間に余裕があるなら展望所に寄るのもよいだろう。蹴洞橋から平坦な舗装道を北へ8分程歩いた所にある。渓谷が少し深くなり、中国の山水画を思わせる景観を望める。

【ミニメモ】 素盞嗚《すさのお》神社境内にある「黒木の大藤」は、国指定の天然記念物で、4月中旬から5月上旬が花の見頃。毎年、「八女黒木大藤まつり」が開催されている。

34

みやま市

まるで深山の趣
筑後の名刹を歩く

清水寺の森

清水寺本坊庭園の内庭

みやま市の清水山《きよみずさん》の山頂は、本来、今の丸山《まるやま》（３５０ｍ）だとされるが、大観《だいかん》峠（３３０ｍ）を清水山と呼ぶことが慣例になっている。地形図などでもこの位置に山名が記されている。これにならい話を進める。清水山の中腹には天台宗の開祖・最澄《さいちょう》により開かれた本吉山清水寺《もとよしさんきよみずでら》があり、〝きよみっつぁん〟の愛称で親しまれている。標高が低い割に豊かな森に囲まれ深山の趣《おもむき》があり、史跡も多く残る。

車で九州自動車道「みやま柳川」ＩＣから降り、清水寺を目標に数分走ると「本吉山清水寺」の看板が立つ分岐①に着く。ここの駐車場に止める。標高は10ｍ。ここから旧参道を歩く。

舗装された緩い坂を川沿いに上る。眼鏡橋、清勝院《せいしょういん》を越すと石畳の道になる。クスノキや紅葉する樹木などを目にする。歩き始めて15分程で清水寺本坊《ほんぼう》庭園（標高70ｍ）に着く。近くに

駐車場、トイレがある。ここまで車で来ることもできる。

　この庭園は室町時代の画僧・雪舟《せっしゅう》の造園ではないかと伝わる。入口付近のイチョウ、カエデは紅葉と新緑がきれいだ。拝観料を納め室内に入り、座敷から内庭を眺めると、愛宕山、心字《しんじ》池、カエデなどの配置が素晴らしく、大自然が濃縮されているようだ。

　参道に戻り、緩い坂を上っていくと車道に合流する。五百羅漢《ごひゃくらかん》の石仏群、仁王門を過ぎ、分かれ道を直進すると石段に変わる。山門を抜け、階段を上り詰めると清水寺（標高１４０ｍ）に着く。本坊庭園から15分程。休憩所、トイレがある。

上：旧参道（左は眼鏡橋）／中：清水寺本坊庭園／下：五百羅漢

　すぐそばに大阪四天王寺の五重塔を模した三重塔がある。南にある人道の橋を渡り、第2展望台から景色を見て、

来た道を引き返す。

ここから清水山（大観峠）に行くのもよいだろう。人道の橋近くの分かれ道を南東へ。山道の坂を上り分岐②は左へ。清水寺から35分程で清水山に到着する。公園になっていて遠くは雲仙《うんぜん》岳《だけ》、多良《たら》岳《だけ》を眺めることもできる。

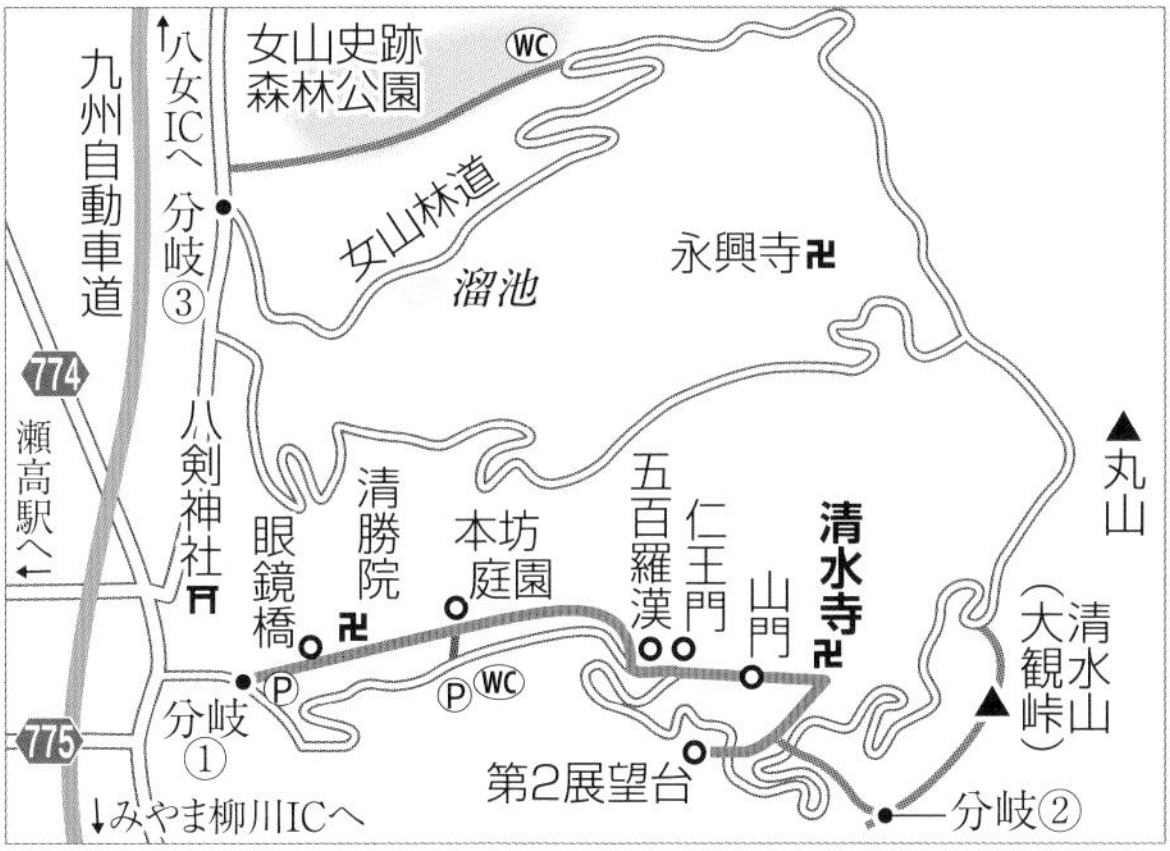

【別ルート】 **1** まだ歩きたい人は、清水山から北へ向かい、舗装された林道を道なりに下る。45分程で女山史跡森林公園に着く。園内には女山《ぞやま》神籠石《こうごいし》、山《やま》内《うち》古墳群などがある。展望台の上から筑後平野などを見晴らせる。再び林道を下り分岐③は左へ。八剣神社の前を過ぎると、やがて分岐①に帰り着く。女山史跡森林公園から50分程。**2** 車ではなくＪＲを利用するときは、鹿児島本線「瀬高《せたか》」駅で下車。国道４４３号「東町」交差点から左へ向かい、清水小学校を過ぎる。九州自動車道の高架をくぐり、八剣神社前を右へ。駅から徒歩約50分で分岐①に辿り着く。

【一口メモ】 清水山の頂上と女山史跡森林公園の展望台から、有明海に沈む美しい夕日を拝むことができる。

清水寺

清水山頂上からの眺望

筑後船小屋のクスノキ林と鉱泉

柳川藩によって植えられた数百本のクスノキの大木

クスノキ林（中ノ島公園内）

県営筑後広域公園はＪＲ「筑後船《ちくごふな》小屋《ごや》」駅を中心に東西約４㎞にわたり広がっている。園内を流れる矢部川と放水路に挟まれた中ノ島公園（みやま市）には、国指定天然記念物の「新船小屋のクスノキ林」がある。河川堤防上にあり、人工林という点が特徴だ。付近には著名な鉱泉もある。

「筑後船小屋」駅から歩く。終始、舗装された平坦な道だ。九州芸文館入口の「筑後船小屋駅前」交差点を北へ。すぐの分岐①を右へ入り、旧坊津《ぼうのつ》街道を側溝に沿って道なりに歩く。野鳥のムクドリ、カササギとも出会える。秋津島浪右衛門《あきつしまなみえもん》供養塔を過ぎると、右に広大な筑後広域公園が見える。駐車場、トイレがある。分岐②は右へ。水洗《すいせん》小学校を越すとまもなく「船小屋」交差点があるので右折する。

駅から20分程で交点①に着く。右には川の駅船小屋と駐車場、トイレがあり、左へ行くと船小屋温泉（筑後市）に入る。マイカーのときは、ここにある駐車場に止めると便利。九州自動車道「八女」ＩＣか「みやま柳川」ＩＣからともに約10分。トイレもある。

温泉にまつわる逸話が残る。その昔、湧き水（鉱泉）の上を飛ぶスズメがよく落ちるので「雀地獄」と恐れられていた。難病の老人が自ら命を絶つため、この水を飲み、水に浸ると、亡くなるどころか治ってしまった。その噂が広がり湯治客が訪れるようになり、鉱泉井戸を掘ったのが船小屋温泉の始まりだとか。日本有数の含鉄炭酸泉で、船小屋鉱泉場に鉱泉を汲みに来る人が絶えない。なお、矢部川を挟んでみやま市側では新船小屋温泉と名称が異なり、長田《ながた》鉱泉場がある。

温泉東側の川岸（展望適地A）から、中ノ島公園のクスノキの森が一望できる。またこの付近は「船小屋ゲンジボタル発生地」として国の天然記念物に指定されている。

交点①に戻り、大きな赤い船小屋温泉大橋（展望適地B）の途中から階段を下ると中ノ島公園に入る。交点①から5分程。何百本というクスノキの大木が密生している。このクスノキ林は元禄8（1695）年、柳川藩の普請役・田尻惣助《たじりそうすけ》らが船小屋から立花町（八女市）の千間土居《せんげんどい》まで堤防の大改修を行ったとき、護岸のため植えたのが始まりとされる。水辺ではサギやセキレイの仲間などを目にする。

［一口メモ］1今回のコースは所々に駐車場があるので、思い思いの場所に駐車して散策できる。清水寺《きよみずでら》（みやま市）も近いので車で立ち寄るのもよいだろう。2川の駅船小屋にある温泉館をはじめ、近くに立ち寄り湯ができる宿泊施設もある。

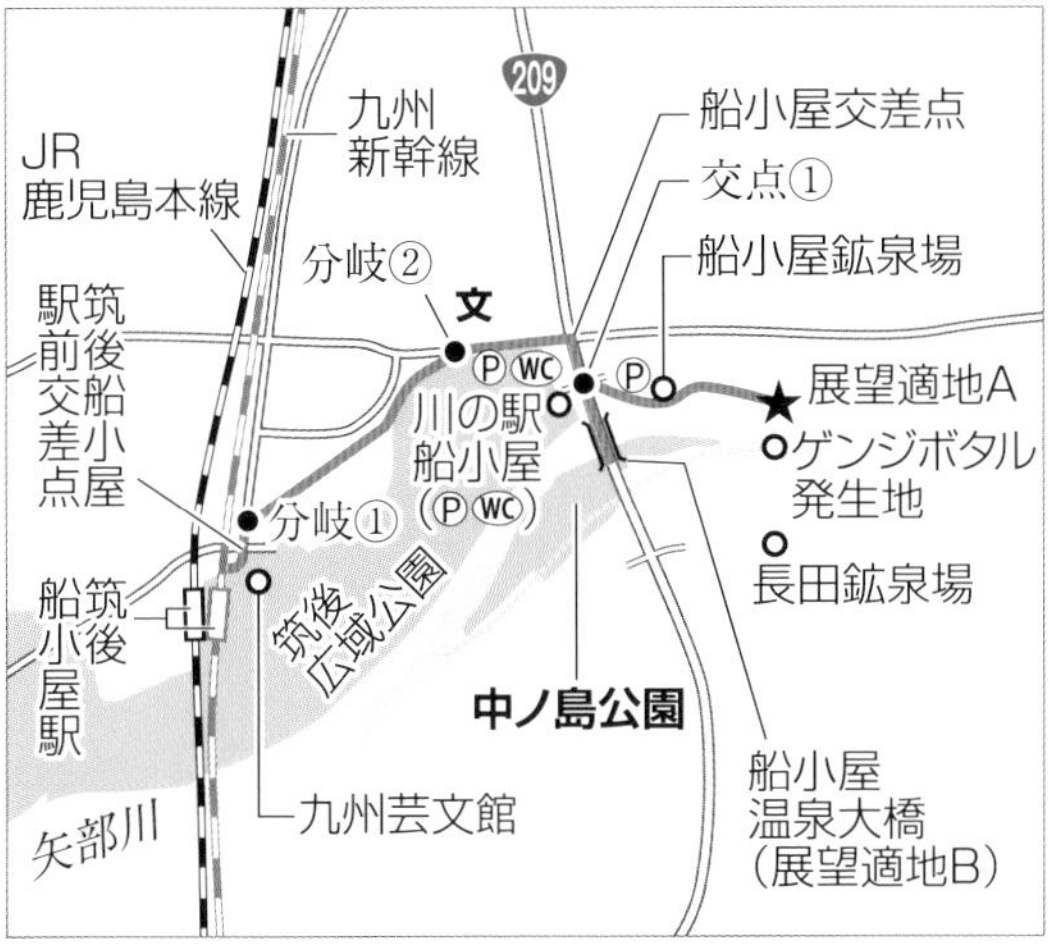

船小屋鉱泉場

放水路側のクスノキ林（船小屋温泉大橋〔展望適地B〕より）

ロマンスヶ丘

気軽なハイキングで
思わぬ大展望との出会い

田川市の北部、夏吉《なつよし》地区の大半は筑豊県立自然公園に含まれる。その中に石灰岩地域特有のカルスト地形の丘陵があり、ロマンスヶ丘（255m）と呼ばれている。眺めの素晴らしさに由来するとのこと。足元がよく、起伏が少ない道を歩き、頂上からの絶景を満喫する。

　マイカーで国道201号「夏吉」交差点から北へ進む。「夏吉駐在所」交差点を右折するとまもなく交点①に着く。「夏吉」交差点から約2・2km。ロマンスヶ丘とその銘水に向かう道標があるが、見落とさないように注意し右へ。

　舗装された夏吉林道の木陰の道を上る。途中、分岐など出てくるが道なりに進む。交点②、交点③は左に曲がる（道標あり）。登山口Aは通り過ぎ、分岐①を左へ下る。岩屋《ごうや》公園キャンプ場跡に駐車場（標高150m）があるので、そこに止める。交点①から約3・6km。ここから歩き始める。

　方城《ほうじょう》林道終点にあたる分岐①まで15分程上って引き返し南へ。開けて明るい緩い坂を上っていく。西方面に景色が時々眺められる。春はスミレの仲間、ホトケノザ、タネツケバナなどの花が群生する。分岐①から10分位で登山口A（標高210m）に着く。

　木陰の山道を西へ向かう。自然木に囲まれ、とくにクヌギが目立つ。坂を

上：ロマンスヶ丘の石灰岩群

間近に香春岳の一ノ岳（ロマンスヶ丘頂上より）

上り下り、そして左に回り込むように上る。草地に変わり辺りが明るくなるとロマンスヶ丘頂上直下の広場に出る。登山口Aから約10分。秋はコオロギ類の鳴き声が心地よい。解放感があり、のんびり過ごすことができる。周辺には石灰岩群があり、白い羊が草原に群れているような風景は、平尾台（北九州市小倉南区）を思い起こさせる。

数分上ると頂上に着き、大パノラマの景色を堪能できる。間近に見える香春岳《かわらだけ》をはじめ、時計回りに3峰でひとつの山の鷹ノ巣山《たかのすやま》、英彦山《ひこさん》、嘉穂《かほ》アルプス、玄界灘近くの宗像四塚《よつづか》連峰、福智山《ふくちやま》から牛斬山《うしきりやま》、眼下に筑豊盆地など、ぐるりと見渡せる。

【別ルート】せっかくなのでまだ探訪してみたい人は、磁石岩《じしゃくいわ》（317m）に立ち寄ることもできる。分岐①まで戻り右の道を北へ上る。曲がり角から北に磁石岩が目の前に見える。牛斬山へ向かう分岐のすぐ先に登山口B（標高300m）がある。分岐①から約25分。見過ごさないよう注意を。防火帯の山道を上り下り、傾斜がある坂を上り返すと石灰岩が積み重なった磁石岩の山頂に着く。登山口Bから15分程。ロマンスヶ丘などの景色が望める。

【一口メモ】ドライブのついでに展望だけ楽しむのもよいだろう。トイレは周辺にないので済ませておく。

筑豊の山々と盆地（ロマンスヶ丘頂上より）

大法・白馬山の原生林

珍しい大樹や梅花に史跡 盛りだくさんの周回コース

安国寺奥の院の参道

嘉《か》麻《ま》市下山田《しもやまだ》と田川市の境に大法《たいほう》山《ざん》（2３2ｍ）と白馬山《はくばさん》（261ｍ）がある。南西の斜面は原生林で、中腹には県指定天然記念物のバクチノキ2本をはじめ、いくつか大樹が集中している。鬼子母神《きしぼじん》の霊域や、山麓には足利尊氏《あしかがたかうじ》・直義《ただよし》ゆかりの安国寺《あんこくじ》と隣接して梅林公園もある。自然と歴史がコンパクトにまとまったコースを辿ってみる。

マイカーでＪＲ「新飯塚」駅から県道402号を南東へ約30分。大分自動車道「筑後小郡」ＩＣからの場合は国道200号を経由し、約60分で安国寺の駐車場に着く。標高は70ｍ。ここに止めて歩き始める。

舗装された道を西へ下り交差点は右へ。下山田小学校の前を過ぎ、すぐの分岐を右へ上る。この先、所々で誘導標識が出てくる。歩き出して20分程で矢《や》の浦《うら》池（標高50ｍ）に着く。池を挟み白馬山が拝める。

老人ホームを過ぎると谷沿いの道になり、初夏はシャガの花が群生する。やがて舗装道から山道の上り坂になる。鬼子母神堂の裏へ抜け、分岐を左折し、

バクチノキ

T字路を右へ向かうと麻畠展望台（標高257m）に到着する。矢の浦池から40分程。

唯一景色を見晴らせる所で福智《ふくち》山地、三郡《さんぐん》山地、英彦山《ひこさん》などを望める。北東へ下り、分かれ道は右へ。巨岩が積み重なった法華経ケ峰《ほけきょうがみね》の間を通る。春はヒサカキの花が香る。天慎寺《てんしんじ》に向かう道との交点をそのまま直進すると、展望台から10分程で大法山に着く。

緩い坂の下り上りを繰り返す。途中、田川市側は植林だが、下山田側はシイノキ、アカガシなどの自然林が残っている。大法山から10分程で白馬山に到着する。

山頂から原生林の山道を下っていくと、赤銅色の樹皮の大木2本が目にとまる。これが樹齢400年を超えるバクチノキだ。海洋性のもので内陸にあるのは珍しい。少し下ると今度は、黒い種子が羽根つきの羽の玉に用いられるムクロジがある。この周辺には、まだら模様のカゴノキやヤブツバキの大樹などが集まっている。50m程下ると安国寺の奥の院があり、大岩窟を見学できる。石畳の道に変わると、まもなく「筑前山田梅林公園」の石碑が立つ梅林公園の入口に着く。白馬山から30分程。

2月中旬から3月中旬頃にかけてウメの花が咲く。枝先にはメジロの姿も。花見シーズンは茶店などが開く。安国寺の横を通り数分下ると駐車場に帰り着く。すべて歩くのではなく、関心がある所だけを見て回るのもよいだろう。

［一口メモ］大法・白馬山を歩く人は観梅シーズンが多い。この時期に訪れると人とよくすれ違うので安心して山歩きができる。

筑前山田梅林公園

38

嘉麻市（展望適地）

嘉穂アルプス

アルプスにたとえられる眺望
秀吉ゆかりの城跡も散策

益富山頂上付近に一夜城の巨大パネル（嘉穂益富城自然公園）

嘉《か》麻《ま》市と朝倉市の境に東西に延びる古処《こしょ》山地。とくに嘉穂益富《かほますとみ》城自然公園付近からの眺めは素晴らしく、近年、「嘉穂アルプス」と称される。益富城は豊臣秀吉の〝一夜城〟で有名だ。嘉穂アルプスの雄大な景色を眺め、豊かな自然と史跡が残る自然公園を散策してみる。

　飯塚方面から国道211号をマイカーで南東へ。自然公園へ向かう標識がある分岐①を過ぎると、右手に若《わか》八幡宮の鎮守の森が見える。まもなく石柱

イチイガシの大木（若八幡宮）

が2本立つ分岐②があるので右折し、神社の境内に駐車する。道幅は狭いので注意を。大隈《おおくま》交差点から約１・７㎞。境内の南端（展望適地Ａ）から南に目を向けると、田園越しに嘉穂アルプスが一望できる。

西（右）の秋月《あきづき》から東（左）の嘉麻峠方面まで眺めてみよう。

右端の低いとがった山が古処山（８５９ｍ）で、山頂付近にはツゲ原始林、石灰岩群があり、展望もよい。秋月氏の本城・古処山城跡でもある。豊臣秀吉が九州征伐の際、秋月種実《たねざね》の隠居城であった益富城にも殺到してきたため、城を破却して古処山の本城に逃れてきた。子の種長《たねなが》は逆襲を企てたが、秀吉の奇策に度肝を抜かれた。それが一夜城だ。戸板などで一夜にして作られた城を古処山から見て、恐れをなし軍門に降ったと伝わる。

東へ下りヤブツバキ群落を抜け、坂を上ると屏山《へいざん》（９２６ｍ）がある。ここから嘉麻市方面が見渡せる。

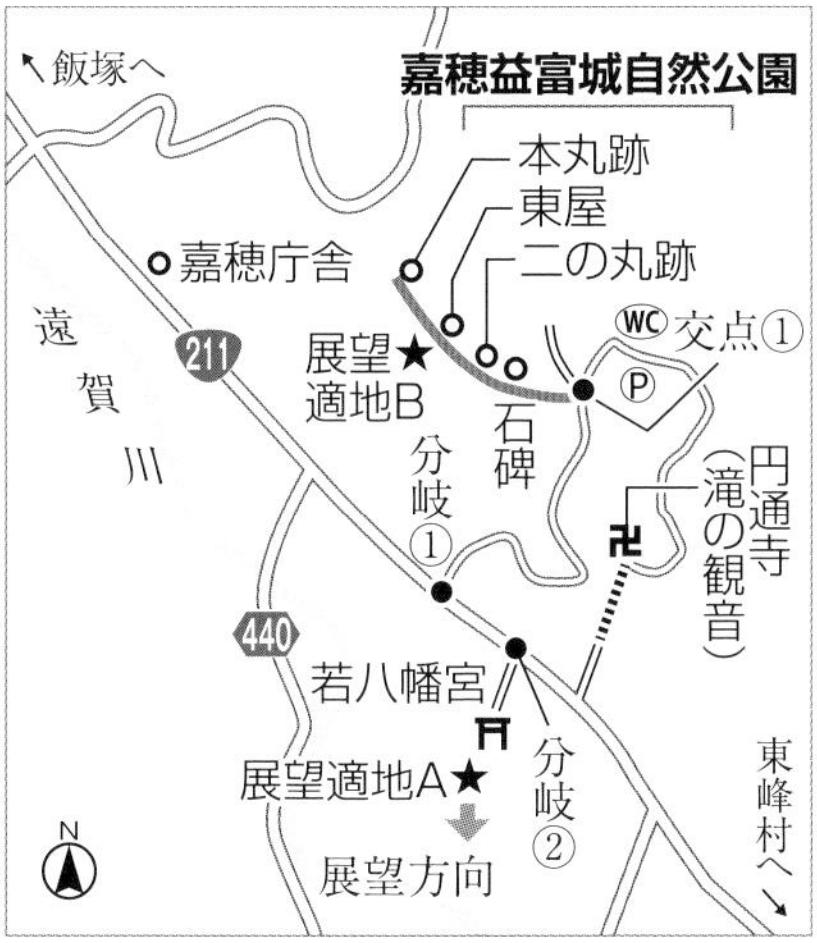

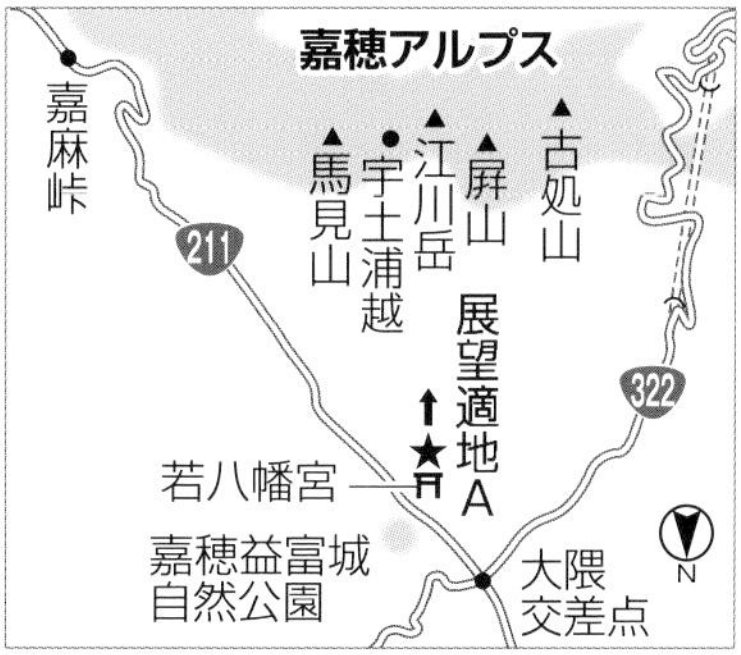

展望図

嘉穂アルプス（展望適地Ａより）

シイノキが群生する本丸跡

東端にある一番高い山は馬見山《うまみやま》（９７７ｍ）で、屏山との間の窪みが宇土《うど》浦越《うらごえ》となる。その奥に小さく見えるのが江川岳《えがわだけ》（８６１ｍ）で、平成30（２０１８）年に新しく命名された。馬見山から東に下っていくと嘉麻峠に至る。

　展望を堪能した後、車で嘉穂益富城自然公園へ向かう。分岐①まで戻って舗装道を右へ上り、トイレの先にある駐車場に止める。標高は１００ｍ。ここから歩き始める。

交点①から「本丸跡」へ向かう標識に従い、木陰の坂道を西へ上る。周りは自然林で、別曲輪《べつくるわ》跡など遺構が次々と現れる。「史蹟益富城址」の石碑を過ぎると、細長い台地（標高１８０ｍ）となる。

　二の丸跡の先に東屋がある。南側が開けていて、ここ（展望適地Ｂ）からも嘉穂アルプスは見えるが、定期的に木を伐採しないと展望は難しくなるだろう。本丸跡には駐車場から10分程で到着する。旗立石、櫓《やぐら》跡など史跡が多く、群生するシイノキも印象的だ。シカが鳴く声も耳にする。

　例年10月下旬頃、「一夜城まつり」が開催される。祭りの前後には一夜城の巨大パネルが出現する。

【一口メモ】 公園の駐車場から時計回りに下ると、円通寺《えんつうじ》（滝の観音）にも立ち寄れる。片道徒歩15分程。

嘉穂アルプス（展望適地Ｂより）

39

田川郡添田町

スギ並木の山道

鷹巣原高原と豊前坊

修験者の足跡を訪ねて
ススキ草原とスギ並木をゆく

別所駐車場

添《そえ》田《だ》町と大分県中津市にまたがる英彦山《ひこさん》（古くは日子山、彦山）は、南岳（１１９９ｍ）、中岳（１１８８ｍ）、北岳（１１９２ｍ）の３つの峰で構成されている。中岳には英彦山神宮の上宮がある。日本三大修験山のひとつで「英彦山三千八百坊」といわれるほど栄えていた。秋は中腹にある鷹巣原《たかすばる》高原（８００ｍ）が見事なススキ草原になる。昔、山伏たちが宿坊《しゅくぼう》のかやぶき屋根として、ここのススキを用いたとのこと。東に１・５㎞程行けば、天狗の逸話が残る豊前坊《ぶぜんぼう》（高住《たかすみ》神社）がある。誰でも立ち寄りやすい英彦山の自然を巡ってみる。

車で国道２１１号の「小石原」交差点から国道５００号を英彦山方面へ向かい、別所《べっしょ》駐車場に止める。標高は６５０ｍ。トイレもある。人の姿をよく目にする。ここから歩き始める。

舗装された緩い坂を上り、分岐①は

鷹巣原高原

右へ入り国道500号を縫うように九州自然歩道の山道を歩く。
駐車場から50分程で鷹巣原高原に到着。トイレがある。ここまで歩かず、

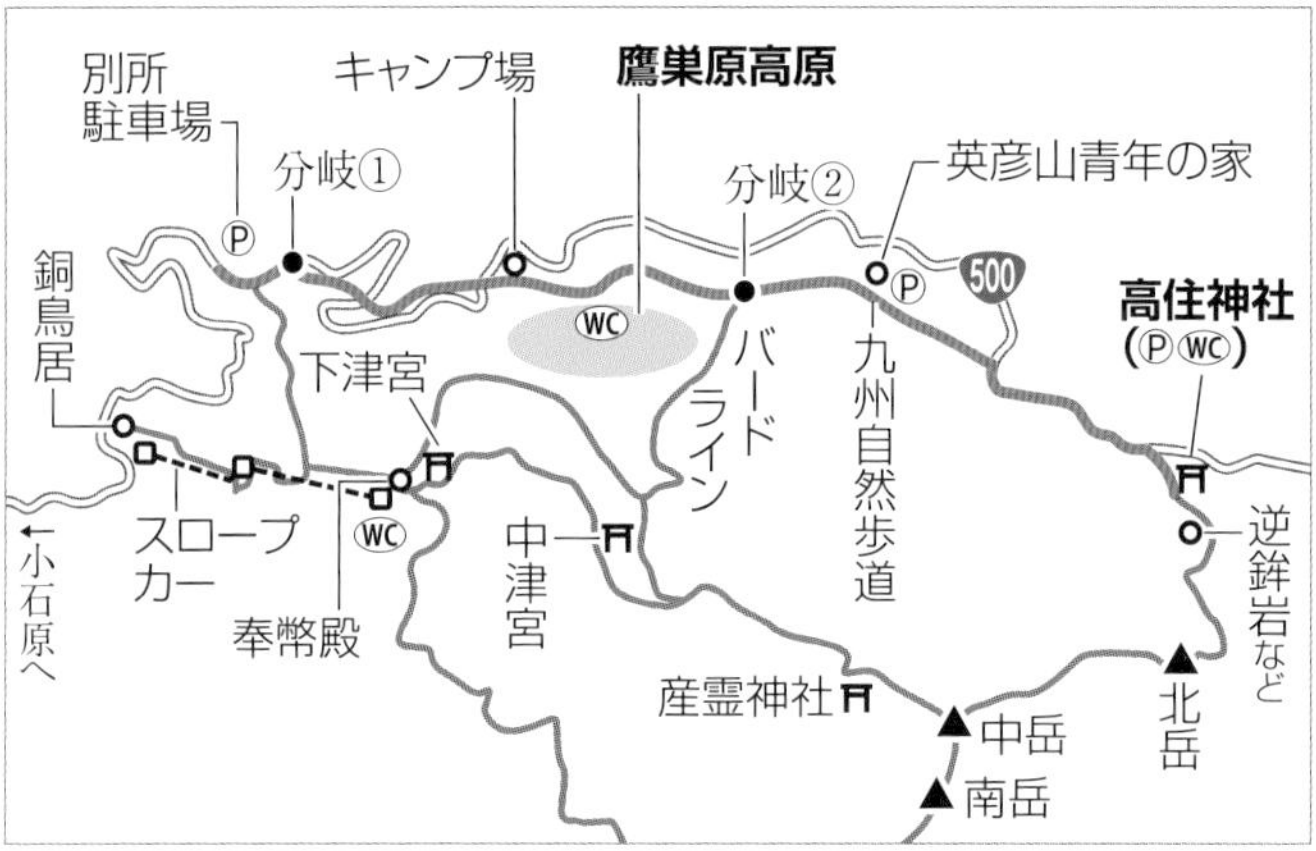

英彦山青年の家に駐車して来るなら徒歩約10分。秋は高原の斜面がススキで埋め尽くされ、冬はスキー場になる。シカに遭遇する機会もある。

すぐ近くの分岐②からバードラインと呼ばれる山道を少し上り、動植物を観察するのも面白い。春はヤマルリソウやヤマザクラなどの花。初夏はツツドリ、オオルリなど夏鳥のさえずり。初夏と秋はシロモジ、カエデの仲間の新緑と紅葉が美しい。

高住神社と天狗岩

高原から起伏の少ない道を東へ向かう。途中のスギ並木の山道は心地よい。坂を下り、林を抜けると30分程で豊前坊とも呼ばれる高住神社に着く。標高は810m。駐車場、トイレがある。ここまで車で来て、周辺を散策するのもよいだろう。

参道にご神木の天狗杉がそびえている。社殿後方には天狗岩がある。高住神社は天狗伝説で有名だ。江戸時代まで日本八大天狗の彦山豊前坊が住んでいた。九州の天狗たちの親分格で、信仰心がある者は助け、不心得者には罰を下すといわれた。修験道の開祖とされる役行者《えんのぎょうじゃ》がこの地で修行したとき、それを祝って出現したと伝わる。

高住神社南方の奇岩

神社から15分程南に上ると、いろいろな形をした奇岩が現れる。神社から先は山歩きの服装、装備が必要なので引き返す。高住神社から別所駐車場まで徒歩約60分。

上：銅の鳥居／下：英彦山神宮奉幣殿

別所駐車場に戻り、英彦山神宮の奉《ほう》幣殿《へいでん》、表参道入口にある銅《かね》の鳥居も見学できる。どちらも国の重要文化財に指定されている。

【一口メモ】ススキは11月末頃に刈り取られるので注意を。英彦山神宮参道と高住神社周辺では紅葉が堪能できる。

関門海峡と和布刈公園

山上から、海沿いから海峡を間近に望む

門《も》司《じ》城があった古城山《こじょうさん》（175m）を囲むように整備されている和布刈《めかり》公園。本州は目と鼻の先にあり、その間の水域を関門海峡という。鳴門《なると》海峡、来島《くるしま》海峡とともに日本三大急潮《きゅうちょう》のひとつである。関門海峡の潮《しお》騒《さい》と汽笛は、環境省の「残したい日本の音風景100選」に選ばれている。

和布刈公園を周回し、関門海峡の魅力を満喫する。

　JR鹿児島本線「門司港」駅から西鉄バスに乗り「和布刈公園前」で下車。マイカーの場合は、ノーフォーク広場の駐車場に止めて出発する。

「瀬戸内海国立公園 和布刈公園」の石碑が立つ分岐を東へ。分かれ道など出てくるが平和パゴダへ向かう標識に従い、道なりに上っていく。ヤブツバキなどの自然木が主だが、サクラ、ツツジなども植栽されている。関門橋からの高架下をくぐると12分程で分岐①に着く。第2展望台へは行かず、そのまま直進する。

　短い石段を上り詰めると展望広場に出る。北へ向かうと分岐①から8分程で分岐②に着く。門司城跡への標識がある。ヤブニッケイが目立つ木陰の道を右回りに上る。明治時代に作られた要塞の倉庫跡などを過ぎると、門司城跡である古城山頂上に達する。分岐②から約10分。「史蹟門司城跡」の石碑と歌碑があり、展望も得られる。

　分岐②に戻り左折して坂を下る。途中、周防《すおう》灘も垣間見える。山頂から20分程で第2展望台に着く。景色案内板

関門海峡（風師山より）

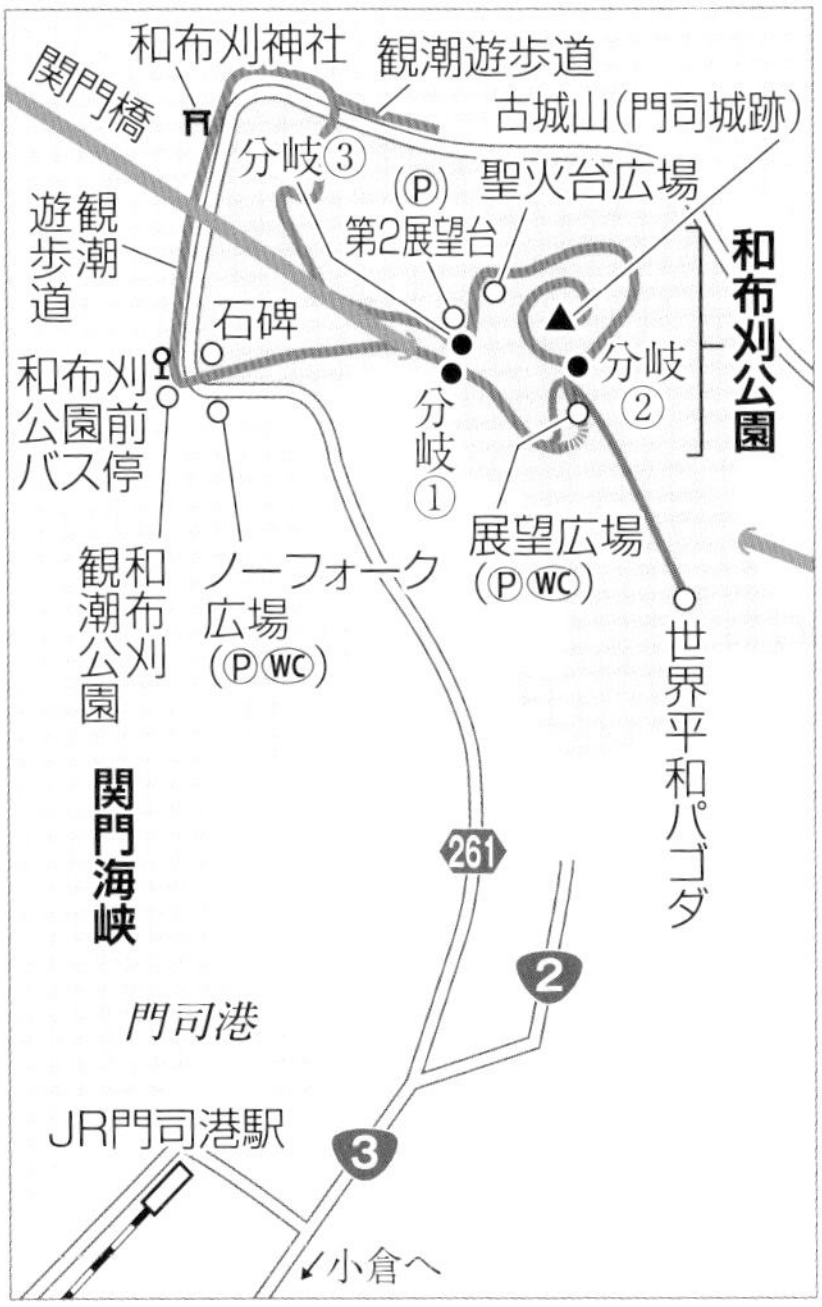

和布刈神社

などが設置されている。平家が滅亡に至る戦いが繰り広げられた壇《だん》ノ浦《うら》（下関市）、関門海峡が間近に拝める。

坂道を北へ下る。県道261号を横切り観潮《かんちょう》遊歩道に下りて左へ向かい海岸沿いを歩く。第2展望台から25分程で和布刈神社に着く。和布刈という地名はこの神社に由来する。和布刈とは縁起がよいとされる「わかめ」を刈るという意味。創建以来、毎年、旧暦の元旦に和布刈神事が続けられている。すぐそばは関門海峡の東端にあたる。本州までわずか700m足らずで、潮の流れが最も速く、「早鞆《はやとも》の瀬戸」と呼ばれる。

行き交う船を見ながら南に進むと6分程で遊歩道の起点に着く。和布刈観潮公園から門司港、皿倉山《さらくらやま》などが望める。ここからバス停まではすぐ。

車を要所で駐車し、展望を楽しみながらドライブするのもよいだろう。一方通行区間には注意を。

【別ルート】門司港駅から歩き始めることもできる。バス停まで片道約2km。

【一口メモ】門司港駅周辺は、大正ロマンが漂うレトロ調に整備され、観光スポットになっている。

関門橋（観潮遊歩道より）

41 大台ヶ原

北九州市門司区

爽やかな草原と海の景色を満喫

大台ヶ原（展望適地より）

福岡県の最北に位置する企救《きく》半島。半島の山々を南北に縦断する形で企救自然歩道が整備されている。その山のひとつに、弘法大師が霊験を感じたという戸《と》ノ上山《うえやま》がある。山腹の南西側には台地が広がり、大台《おおだい》ヶ原《がはら》と呼ばれる。登山口はいくつかあるが、駐車する場所はない。JR鹿児島本線の「門司」駅を発着点に、自然や景色を楽しみながら歩いてみよう。戸ノ上山の頂上まではそれほど遠くないので、周回するコースも紹介する。

「門司」駅改札口の連絡通路から小倉方面の小文字山《こもんじやま》、足立山《あだちやま》を眺めることができる。南口に降りる。正面に戸ノ上山と大台ヶ原を見て、舗装道の緩い坂を南へ上る。春の大里《だいり》公園はサクラの花でピンクに染まる。駅から30分程で「泉ヶ丘」交差点に着く。そばに西鉄「大里桃山町」バス停がある。駅からここまでバスで来ることもできる。

左へ折れ、北九州都市高速の陸橋を渡り、住宅街が終わると、まもなく交差点から10分程で桃山登山口に着く。ここから山道になる。

傾斜がある谷道を上る。シカの鳴く声を耳にすることもある。堰堤《えんてい》（小さなダム）の横を6回程通り過ぎる。樹木の下部だけイボイボがあるカラスザンショウが目にとまる。ヤブツバキの群落が現れ、ヒヨドリやメジロの元気な鳴き声も聞こえてくる。渓流が終わり木陰を抜けると、足立山へ向かう企

戸上神社の背後に戸ノ上山

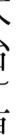

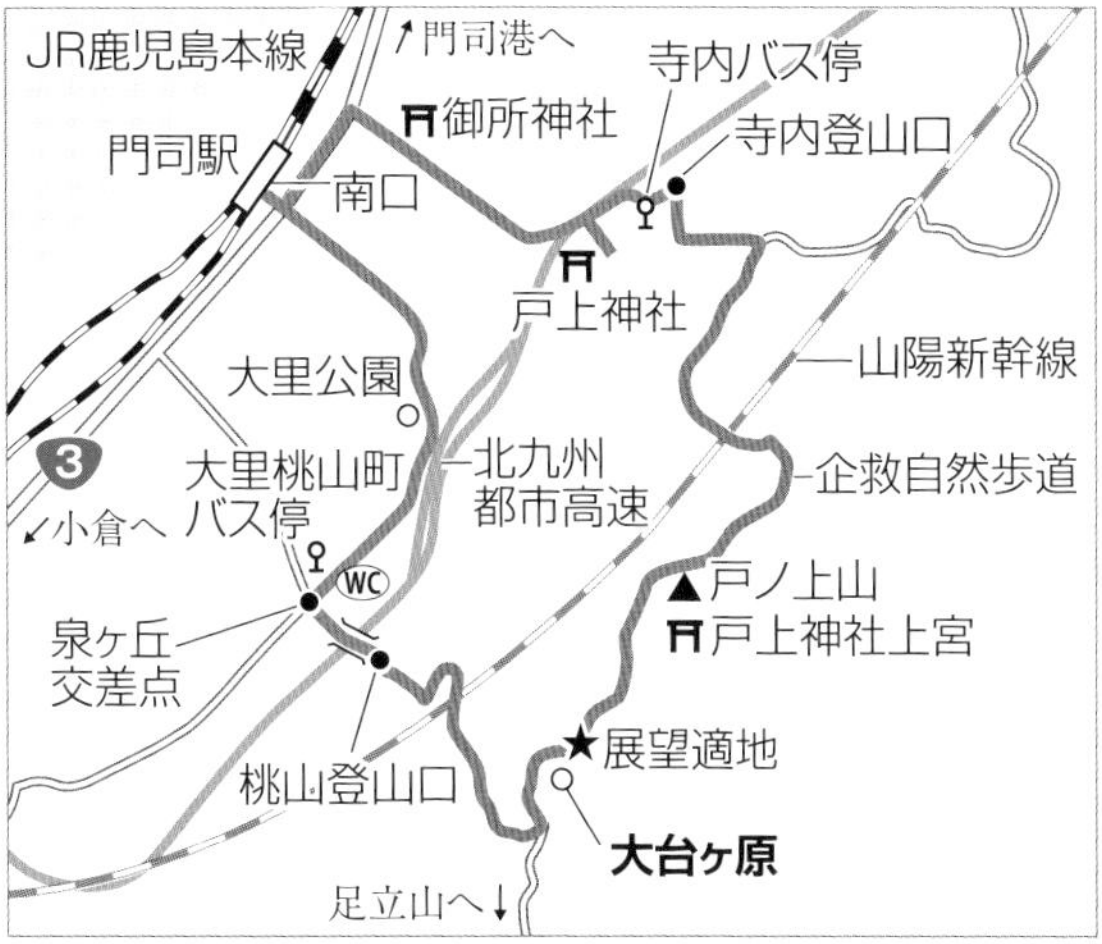

救自然歩道との分岐に着く。まもなく登山口から40分程で大台ヶ原に着く。

根笹などが広がる平坦な草原で、風が吹くと波のようになびき、心地よい気分に浸ることができる。ゆったりくつろぐ人の姿も見かける。日当たりがいいのでスミレの仲間をはじめ、春や秋にはいろいろな野草の花が観賞できる。ムベ、グミ、クサイチゴなど食べられる木の実もある。展望も満喫できる。企救山地や筑豊の山々、関門海峡と島々、周防《すおう》灘方面の景色、間近に戸ノ上山など変化に富んだ景観が楽しめる。戸ノ上山の方へ少し上った山道（展望適地）から振り返ると、大台ヶ原が一望できる。

戸ノ上山までは大台ヶ原から約30分。展望も得られる。頂上近くの木立の中に戸上《とのえ》神社の上宮、山小屋がある。65分程尾根道を下ると寺内《じない》登山口に着く。そばに「寺内」バス停があり、門司駅までバスを利用することもできる。駅までは徒歩約30分。途中、戸上神社に寄ると、社殿の背後に戸ノ上山の姿を拝める。

【一口メモ】大台ヶ原から見る初日の出など、冬場、周防灘から朝日が昇る光景は素晴らしい。夜明け前、風が強いときは冷え込むので防寒対策は万全に。

戸ノ上山頂上

藍島の千畳敷

藍《あいの》島《しま》は北九州港の小倉から北西約12㎞の沖合に浮かぶ島で、『日本書紀』の仲哀《ちゅうあい》紀に「阿閉嶋《あへのしま》」として登場する。北北西から南南東に延びる細長い形をしていて、高い所でも標高25mしかなく、島内の道は起伏が少なく歩きやすい。潮が引くと島の北部の海岸に広い岩盤が現れ、「これぞ千畳《せんじょう》敷《じき》！」と思わず納得させられる。島の自然や歴史と触れ合いながら、島を巡ってみる。

ＪＲ「小倉」駅の北口から渡船場（小倉側）まで徒歩約10分。フェリー乗場が別にあるので間違えないように。車のときは渡船場の駐車場に止める。釣り客も多い。乗船して約40分で渡船場（藍島側）に着く。待合所、トイレがある。渡る途中、船から馬島《うましま》、六連《むつれ》島《じま》などの島々を眺めることができる。

渡船場から舗装道の開けた道を北へ進む。空を舞うトビを目にする。購買店の先の藍島トンネルへ向かう道との分かれ道は左へ行き、緩い坂を上る。トベラ、マサキなど海洋性の植物が目立つ。緩い上り坂と平坦な道を繰り返し歩いていると、やがて遠見《とおみ》番所《ばんしょ》旗《はた》柱台《ばしらだい》への誘導標識がある分岐に着く。左へ入ると渡船場から20分程で旗柱台に着く。

ここは江戸時代、密貿易船を監視するために小倉藩が遠見番所を置いた場所で、発見したときは大きな旗を掲げて小倉の番所に急報したといわれる。その旗柱台が今も残り、県指定の史跡になっている。

青く澄んだ海から現れる
見渡す限りの広大な岩盤

遠方に白島（左が女島、右が男島。千畳敷より）

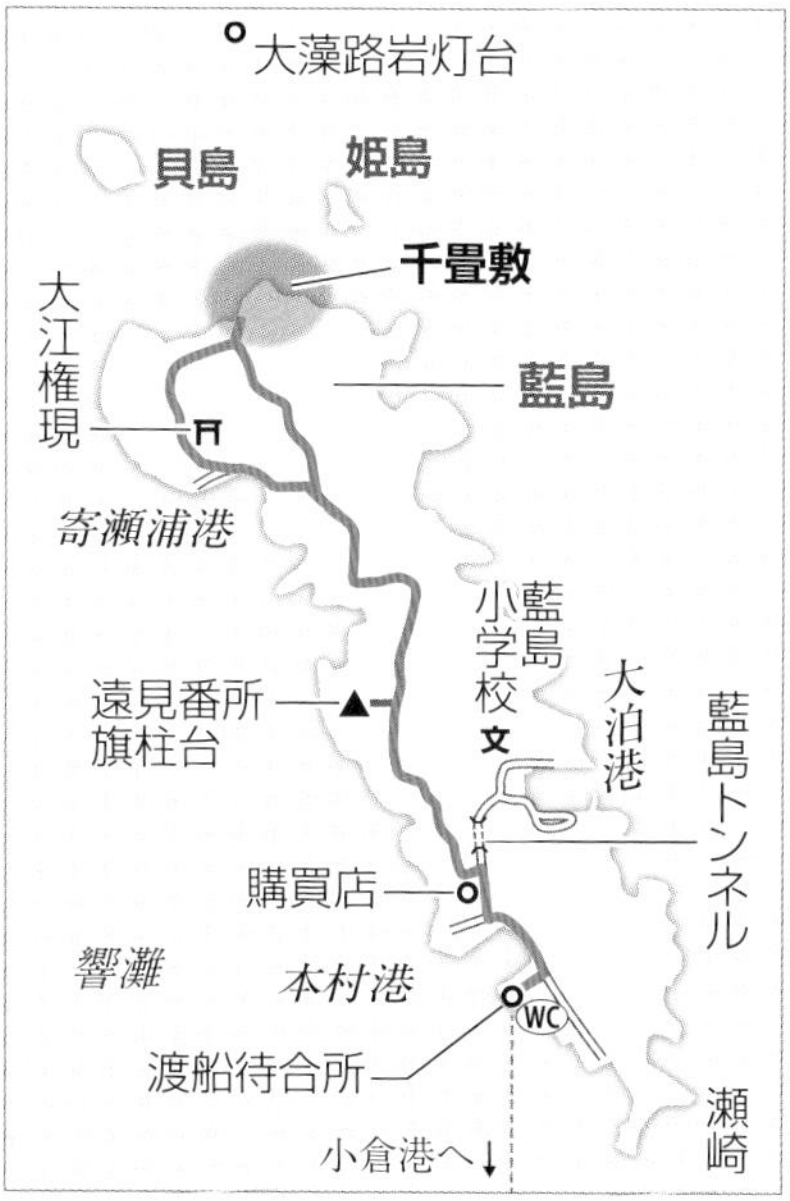

遠見番所の旗柱台

分岐に戻り再び北へ向かい、緩い坂の上り下りを繰り返す。陽がさす道なので、春はスミレの仲間、ルリハコベ、ハマダイコンなど花の群生を沿道で見かける。寄瀬浦港との分岐は右へ。シイノキ、ヤブニッケイなどの木陰の道に変わる。

「千畳敷・貝島」への誘導標識がある分岐を右へ曲がると千畳敷に着く。旗柱台から20分程。潮が引いていれば、目の前には平らな岩盤が見渡す限り広がっている。水は透明でとても美しい。磯や浜辺の動植物にも出会える。視界が開けていて展望がいい。西の遠方には石油備蓄基地がある白島《しらしま》（向かって左が女島《めしま》、右が男《お》島《しま》）。北には貝島《かいじま》、大藻路《おもじ》岩《いわ》灯台と奥に蓋井島《ふたおいじま》。東には姫島《ひめしま》が見える。干潮時、とくに大潮なら姫島まで陸続きとなり、貝島へも歩いて渡ることができる。海岸線に見られるオレンジ色の地層も印象的だ。

ここから寄瀬浦港を経由して渡船場まで引き返すと35分程。帰りの船便を待つ間、瀬崎の海岸や大泊港に立ち寄るのもいいだろう。

【一口メモ】千畳敷で自然を満喫するのであれば大潮のときに訪れるのが一番。島には公共の水道設備などはないので注意を。

姫島（千畳敷より）

43

平尾台のカルスト台地

北九州市小倉南区

まるで草原で遊ぶ羊の群れ
日本三大カルストを歩く

平尾台の羊群原

茶ヶ床園地

山口県の秋吉台、愛媛と高知の県境にある四国カルストと並び、日本三大カルストといわれる平尾台。石灰岩が雨水や地下水により溶けてできた独特のカルスト地形が、標高300mから600mの台地に、東西2㎞、南北6㎞にわたり広がる。国の天然記念物にも指定されている。平尾台には、散策路や立ち寄る所も多いが欲張らず、吹上《ふきあげ》峠に車を止めて歩いてみる。

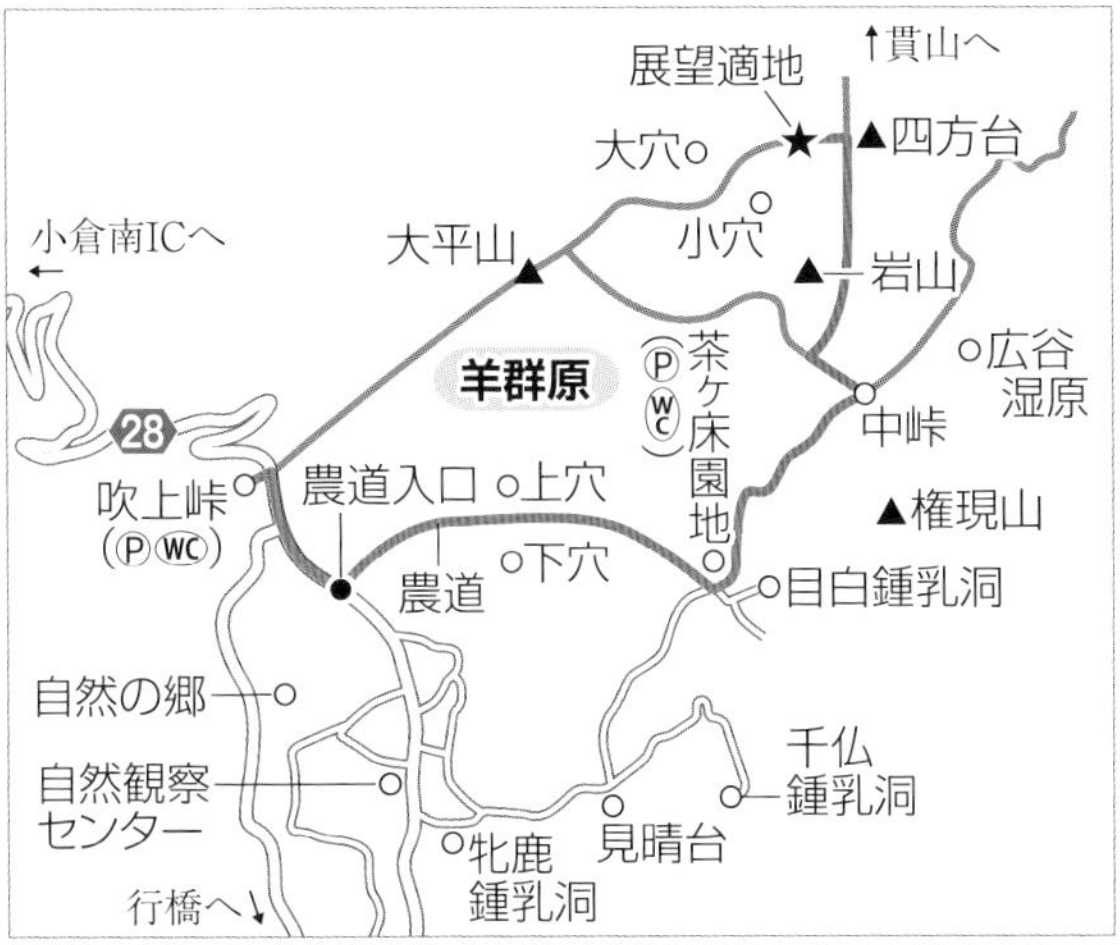

カキラン

九州自動車道の「小倉南」ＩＣから国道３２２号線を南へ。県道28号線に入り、坂道を５㎞程上ると吹上峠に着く。標高は３７０ｍ。目の前には穏やかな起伏の、ススキやササの草原が広がる。その中に、白く丸みを帯びた石灰岩の柱が顔を出している。まるで羊が群れているように見えることから羊《よう》群原《ぐんばる》と呼ばれる。気候が穏やかな季節には、田園ではないかと思われるほど、空からヒバリやセッカのさえずりが聞こえてくる。

吹上峠から行橋《ゆくはし》方面へ少し歩いた所に農道入口がある。ここからは、車両通行禁止の土道となる。初夏は遠くからカッコウ、ホトトギスなど、夏鳥の鳴き声も耳にする。窪地の上穴、下穴を過ぎると、やがて農道が終わり、吹上峠から50分程で標高４２０ｍにある茶ケ床《ちゃがとこ》園地に着く。ここに駐車して歩き始めてもよい。吹上峠から車道を走

小穴（窪地）と大平山（展望適地より）

り、見晴台《みはらしだい》経由で約2・5㎞。茶ヶ床園地からも平尾台の自然景観を眺めることができる。

舗装道の緩い坂を上り中峠は左へ。そのすぐ先にある分岐を右へ向かう。岩でできた岩山《いわやま》（549m）を左に見ながら山道を上る。草原の中を歩くので、周りの景色や野草を観察することができる。春はカキラン、夏はキキョウなどの絶滅のおそれがある花にも出会える。一見、アザミのような姿をした大きなハバヤマボクチもよく目立つ。茶ヶ床園地を出発して35分で四方台《しほうだい》（618m）に辿り着く。さらに西へ数分の所に展望適地がある。

眼下に石灰岩が溶かされてできた、すり鉢状の小穴という名の大きな窪地。その背後に大平山《おおへらやま》（587m）と羊群原。遠方には英彦山《ひこさん》、香春岳《かわらだけ》、福智山《ふくちやま》から皿倉山《さらくらやま》、石峰山《いしみねやま》を眺めることができる。

［別ルート］もっとハイキング気分を味わいたいなら、吹上峠から農道を歩かず、大平山を経由して中峠を目指すのもよい。大平山から展望も楽しめ、頂上からはススキ原の中を心地よく下ることができる。歩行時間は70分程見ておくとよいだろう。

［一口メモ］平尾台には150を超える鍾乳洞がある。その中で国指定天然記念物の千仏《せんぶつ》鍾乳洞と、牡鹿《おじか》鍾乳洞、目《め》白《じろ》鍾乳洞は洞内を見学することができる。

英彦山方面の展望
（大平山頂上付近より）

44

皿倉・権現山の森

北九州市八幡東区

大展望の山頂からスタート 豊かな樹林帯を歩く

左：ウリハダカエデの落葉
右：スギの大樹（皇后杉の林）

北九州市の中央からやや北寄りに帆柱《ほばしら》自然公園がある。九州自然歩道の北の起点となる皿倉山《さらくらやま》（622m）を筆頭に、権現山《ごんげんやま》（617m）、帆柱山（488m）、花尾山《はなおやま》（351m）を含む広大な公園で、北九州国定公園に属している。スギ、ヒノキなど植林が大半を占めているが、皿倉山と権現山の北側では、自然林や神功《じんぐう》皇后ゆかりの皇后杉《こうごうすぎ》の林など、魅力ある森を観賞することができる。

皿倉山ケーブルカーの「山麓」駅（標高130m）から出発する。この駅まで、立体駐車場、西鉄の「高速皿倉山ケーブル」バス停、「帆柱登山口」バス停から、それぞれ歩いて3分、5分、10分程。JR「八幡」駅からだと徒歩約30分だ。

ケーブルカーに乗車し約6分で「山上」駅（標高570m）に着く。スロープカーに乗り継ぎ、皿倉山山頂の

上左：皿倉山（花尾山頂上より）／上右：皿倉山ビジターセンター
下：若戸大橋・洞海湾方面（皿倉山頂上より）

「展望台」駅まで行く。所要時間は約3分。頂上には電波塔が林立している。展望は良好で、とくに帆柱自然公園内の他の3つの山と北九州の市街および工業地帯が一望できる。

階段の道を南西に下る途中、メタセコイア、カエデなどの紅葉がきれいだ。皿倉山ビジターセンターは飲食物の持ち込みができ、休憩もとれる。交点①（標高510ｍ）周辺では天然木の花や紅葉が目にとまる。

交点②の六差路から舗装道を20分程上ると権現山に行くこともできる。ここでは平坦な山道を西へ向かう。一気に荘厳な森に変わる。

帆柱キャンプ場近くから大きなスギが現れる。この辺りから、神功皇后が権現山北面のスギを軍船の帆柱に切り出したという伝説に由来する皇后杉の林が始まる。江戸時代に福岡藩が植林した場所でもある。樹齢約200～4

上：皇后杉の林の始まり
左下：皿倉の泉

00年と推定される。

すぐ先にウリハダカエデの群落があり、秋は赤、黄、オレンジなど色鮮やかに紅葉する。

皿倉山山頂から30分程で権現《ごんげん》の辻《つじ》に着く。帆柱山、花尾山へ向かう分かれ道までスギの大樹が続く。ここから同じ経路を辿り山麓駅まで戻る。

[別ルート] 山歩きを楽しむのであれば、山麓駅そばの登山口から山道を上る。見返り坂は急だが、傾斜の緩い迂回路もある。まもなく皿倉の泉（水場）に着く。ベンチがあり一息つける。この先、自然度が高くなる。カラスザンショウ、ホソバタブ、いろいろな樹形のイヌシデなどをよく見かける。登山口から80分程で交点①に到着する。皿倉山山頂まであと20分位。帰りも交点①から山道を下ると、登山口まで65分位。

[一口メモ] 皿倉山山頂から、「100億ドルの夜景」と称される景色、元旦には初日の出も拝める。

ウリハダカエデの群落

45 北九州市若松区

若松北海岸

大自然が作った不思議な造形、海と空の青さを堪能

福岡から長崎にかけて、玄界灘沿岸に広がる玄海国定公園。若松北海岸は、その玄関口といえる位置にある。海岸西端の遠見ヶ鼻《とおみがはな》には、約2500万年～3000万年前の地層や甲殻類などの化石が残る。江戸時代には密貿易、難破、外敵などの異変を監視する遠見番所《とおみばんしょ》が置かれていた。この周辺は潮が引くと岩盤が現れ、その上に立つと自然の造形美が見渡せる。潮風を体に受けながら巡ってみる。

　マイカーでJR鹿児島本線「折尾《おりお》」駅から県道11号に入り北進する。「有《あり》毛《げ》」交差点の先の分岐①は左へ。駅から9㎞程走ると、岩屋海水浴場の海の家に着く。砂浜は芦屋町との境界付近まで延びている。この近くの駐車場に車を止めて歩き始める。

　舗装された道を北へ。正面に岩屋漁港の防波堤や漁船が見えている。魚料理店の前を通り過ぎ、岩屋漁村センターがある方へ曲がる。恵比須神社のすぐ先の立入禁止区域の手前の道を右へ上る。分かれ道を左へ行くと、駐車場から20分程で分岐②に着く。分岐には、遠見ヶ鼻とその周辺の案内板が設置されている。

　ここから北へ3分程下ると、妙見《みょうけん》埼《ざき》灯台に着く。灯台下のミカン色をした断崖は、バウムクーヘンのような層をなしている。暴風時の波浪で作られたと考えられ、「岩屋・遠見ヶ鼻の芦屋層群」として県の天然記念物に指定されている。灯台のある場所から、宗像四塚《よつづか》連峰、大島、白島などを眺望でき、とくに海に沈む夕日はきれいだ。

　この夕日に関わる伝説がある。かつ

遠見ヶ鼻の妙見埼灯台

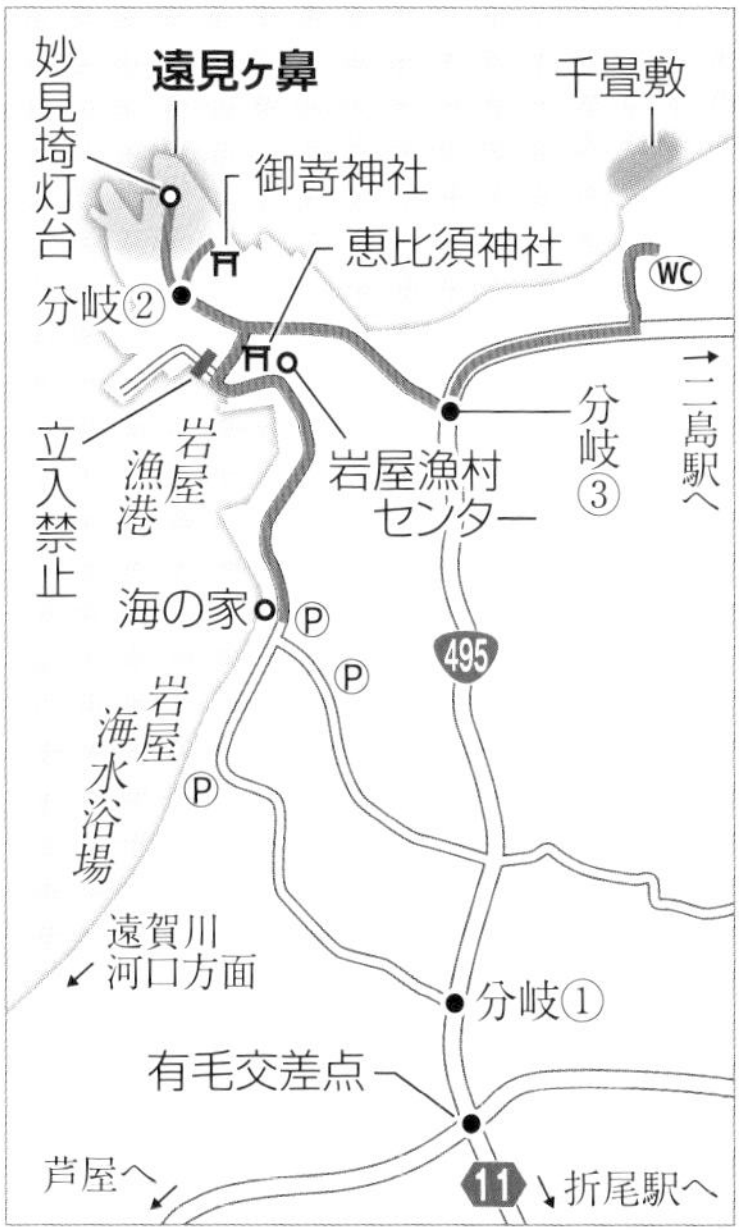

御嵜神社

て御嵜《みさき》神社はこの場所にあった。夕日の美しさに心奪われた男の神様に女の神様が嫉妬し、その八つ当たりで海の事故が続いた。そこで村人が神社を移し、陸に向けて建て直したという。御嵜神社は現在、分岐②から北東へ2分程下った所にある。そばに休憩所とトイレがある。

分岐②から東へ10分程下ると国道495号との分岐③に着く。さらに平坦な道を東進し、途中から北へ入ると、分岐③から10分程で千畳敷《せんじょうじき》に到着。トイレ、数台駐車できるスペースがある。干潮時には長さ200m、幅50m程の千畳敷と呼ばれる板状の岩盤が姿を現す。釣りや磯遊びにやって来る人も多い。

干潮のときは、遠見ヶ鼻の北側から千畳敷まで岩礁の上を歩くことができる。足元に気をつけ、無理は禁物。

【一口メモ】干潮や日没の時刻を調べて訪れると満足度も高まる。遠見ヶ鼻の近辺には路上駐車する場所はないので注意を。

千畳敷

46

洞山とハマユウ自生地

遠賀郡芦屋町

伝説の洞穴と夏を告げる純白の花

堂山（この裏が陸続きの洞山）

嘉《か》麻《ま》市の馬見山《うまみやま》を源流とし、筑豊地方を北流して響《ひびき》灘に注ぎ込む遠賀川。その河口をまたぐように芦屋町がある。東側の海岸線には磯場が多く、風化作用で大きな穴があいた洞山《どうやま》を見ることができる。また、九州本土では自生の北限となるハマユウの群落もある。

JR鹿児島本線「折尾《おりお》」駅から北九州市営バスに乗車し、「山鹿《やまが》郵便局前」で下車。舗装された平坦な道を北へ。

洞山の大穴（西側）

山鹿小学校の前を過ぎ、「洞山」への誘導標識がある分岐①を左へ曲がる。まもなく歩き始めて20分程で洞山そばの駐車場に着く。マイカーのときはここに駐車する。トイレもある。

北西に目を向けると、間近に小高い堂山《どうやま》がある。この堂山とその裏にある洞山は、昔は離れ小島だったが、今は陸続きとなり、2つあわせて洞山と呼ばれている。堂山では石仏、石塔などが多数出土している。山鹿水軍供養のため、平家一門追悼のためなど諸説ある。

ここから陸続きの洞山まで10分程。堂山の左側を巻いて平らな岩盤の上を歩く。干潮時には、釣りや磯遊びを楽しむ人の姿を見かける。右側の舗装道を巻いて行くこともできる。

洞山には高さ10m、幅12m、奥行き30m程の大きな穴があいている。その昔、神功《じんぐう》皇后が戦いに行く途中、必勝

を祈願して射った矢がこの洞山を貫通し、次第に穴が大きくなったという言い伝えも残る。この穴の西と東から景色を眺めるのも風情がある。

分岐①に戻り北へ。五差路を過ぎ、鳥居をくぐり、緩い坂を下る。やがて25分程で夏井ヶ浜《なついがはま》はまゆう公園の入口に着く。マイカーのときは車を移動し、ここの駐車場に止める。トイレもある。公園内は10分程で周遊でき、展望もある。公園入口から2分程下った所に夏井ヶ浜ハマユウ自生群落がある。

黒潮に乗って南方から運ばれてきたといわれるヒガンバナの仲間で、別名ハマオモトと呼ばれる。花期は7月下旬から8月上旬。白い花が夜開き、昼になるとほのかな芳香を漂わせる。この辺りはハマユウの宝庫だったらしいが、今はここだけが柵に囲まれ保護されている。

【別ルート】歩いてくる途中にある魚見《うおみ》山《やま》（41ｍ）の展望台から景色を眺めるのもいいだろう。遠賀川河口を一望できる。魚見公園入口から10分程上ると到着する。トイレ、駐車場があり、近くの国民宿舎で食事、入浴もできる。

【一口メモ】洞山を訪れるのは干潮時が適している。満潮時は靴が濡れることがあるので長靴がおすすめ。

夏井ヶ浜のハマユウ自生群落

47

三里松原と海岸線

遠賀郡岡垣町

岡垣町から芦屋町まで、響《ひびき》灘沿岸を東西約10㎞にわたり延びる三里《さんり》松原。江戸時代、福岡藩が塩害などから田畑を守るため、松の植林を命じたのが始まりといわれる。今は防風保安林に指定され、「日本の白砂青松百選」にも選ばれている。岡垣町北部の海岸線を散策し、高台から展望も満喫する。

JR鹿児島本線「海老津《えびつ》」駅から岡垣町コミュニティバスに乗車し「波津《はつ》海水浴場前」で降りる。北へ少し行き、トイレ、駐車場がある分岐を右折して海岸沿いの遠賀宗像《おんがむなかた》自転車道を東へ。波津海水浴場の波は穏やかで、環境省「快水浴場百選」に選定されている。8月から11月の夜には、ひしゃくの形をした北斗七星が海水を汲むような姿を見ることができる。

観光ステーションのすぐ先に「専用道路入口」がある。バス停から約6分。遠賀川河口付近まで歩行者と自転車の専用道が続く。潮風を肌で感じ、波の音を聞きながら、見晴らしのよい平坦な道を東へ歩く。海辺には砂の流出を防ぐためのテトラポッドが並ぶ。陸地側には丈が低い松が目立つ。近年、松原の衰退が危惧されているが、植林や松葉かきなど、町民の献身的な活動により再生の途上にあるとのこと。イソヒヨドリ、コマツヨイグサなど海洋性動植物も見かける。海岸線一帯は、福岡県「快適な環境スポット30選」にも選ばれている。

快適な海岸線散策
最後に待つのは海の大展望
歩行者・自転車専用道路

「専用道路入口」から35分程で汐入《しおいり》川河口近くの新松原《しんまつばら》海岸に着く。駐車スペースがある。西に目を転じると右端に湯川山《ゆがわやま》、左に宗像四塚《よつづか》連峰最高峰の孔大寺山《こだいしやま》が見える。ここから芦屋海岸付近の砂浜でアカウミガメが産卵する年もある。来た道を引き返し、さらに湯川山の山腹に鎮座する成田山不動《なりたさんふどう》寺《じ》まで歩くのもよいだろう。

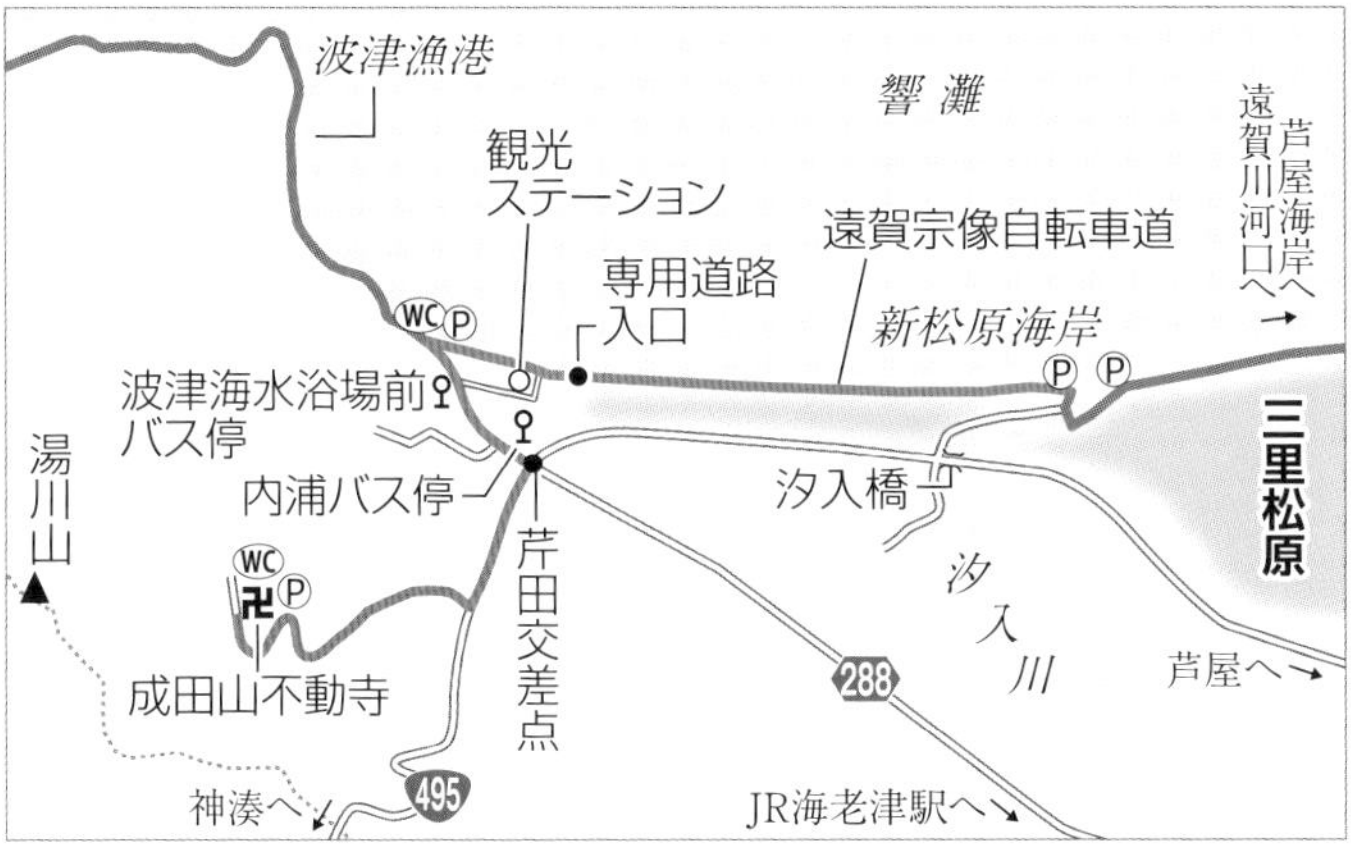

群生するコマツヨイグサ

「波津海水浴場前」バス停から「内《うつ》浦《ら》」バス停まで、舗装された平坦な道を歩いて約12分。すぐの「芹田《せりた》」交差点を南へ。その先の分岐は不動寺を目指して参道を上る。サクラ、アジサイの植栽が寺まで続く。途中、空き缶などを置くと、目の錯覚で坂を上るように見える「ゆうれい坂」がある。

やがて不動寺（標高１２０ｍ）に到着。「内浦」バス停から45分程。駐車場、トイレがある。駐車場北側の展望所から皿倉山《さらくらやま》など北九州の山と島、そして三里松原を一望することができる。「内浦」バス停まで戻り帰路に着く。

マイカーのときは要所で車を止め、散策や展望を楽しむ。ちなみに波津海水浴場までＪＲ「海老津」駅から県道288号経由で約15分。

【ひとロメモ】 観光ステーションで自転車をレンタルし、遠賀川河口方面までサイクリングするのも爽快。

成田山不動寺の展望所

千石峡

千石峡の渓流

気軽に味わう渓谷美
子どもたちは川遊びも！

八《や》木山《きやま》川に架かる平瀬橋から、上流の力丸《りきまる》ダム付近までの渓谷を千石峡《せんごくきょう》という。渓谷ではあるが、舗装された平坦な遊歩道が渓流沿いに約1・8㎞整備され、小さな子ども連れでも楽しめる親水区域もあり、気楽に足を運ぶことができる。南側には、宗像《むなかた》氏が端城《はじょう》として築いた笠木山《かさぎやま》城の遺構が残る笠置山《かさぎやま》（425ｍ）が控えている。この山城は、八木山川と笠置山を利用した難攻不落の堅城としてその名を広めた。

マイカーで力丸ダムを目指し、県道471号沿いにある千石公園の駐車場に止める。千石峡一帯にはこの公園の他、水辺公園、キャンプ場などが整備され、「いこいの里『千石』」と呼ばれている。水辺公園は春になるとサクラ、ツツジが咲き誇り、夏は川遊びを楽しみに訪れる家族連れなどで賑わう。

すぐそばの平瀬橋から右岸（上流から見て右側）に整備された遊歩道を上流に向けて歩いていく。太宰府県立自然公園ということもあり、シイノキ、ヤブツバキ、カゴノキなど自然木も多い。水辺ではサギの仲間など水辺の鳥

千石公園

も見かける。千石峡つり橋（人道橋）をくぐり抜け、平瀬橋から10分程でトントン井堰に着く。
　さらに上流に向かう。渓流そばの樹木や岩は苔むし、あたかも深山に入ったかのように感じる。夏はカジカガエルの美声を耳にする。夏鳥のアカショウビンの豪快な鳴き声を聞くこともある。

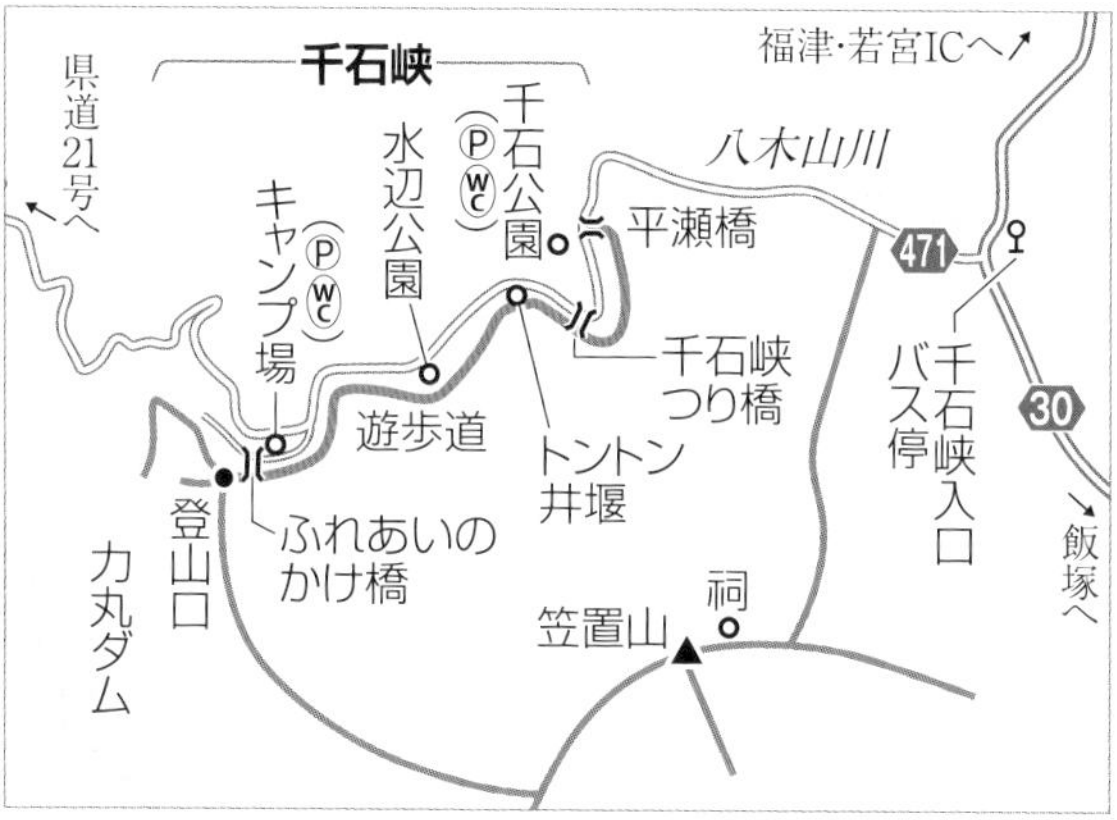

　トントン井堰から15分程進むと、ふれあいのかけ橋（人道橋）に着く。ここから千石公園に引き返す。戻る途中、千石峡つり橋を渡り、左岸沿いに歩くのもよい。引き返すとはいうものの、行きと帰りでは景色が違って見えるので新しい発見もある。

【別ルート】さらに笠置山まで行きたい人は、ふれあいのかけ橋から2分程の所にある登山口（千石峡側、標高50m）から上り始める。先に山に上り、下山後に千石峡を散策してもよい。
　登山口からは土道の上り坂に変わる。スギ林の浅い谷道を進む。途中の分岐は左に向かい、ヒノキ林の間を歩く。最後、短い急な坂を上り詰めると、70分程で笠置山に到着する。
　山城跡のため頂上は平坦で広く、視界も開けている。英彦山《ひこさん》などの山々、飯塚市街、眼下に力丸ダムなどを見渡すことができる。秋になると笠置山の斜面は紅葉で彩られる。

【一口メモ】自然観察、森林浴、花見、紅葉狩り、川遊び、キャンプなど、自分の目的にあった季節に訪れると満足度も上がる。

笠置山頂上

京都郡苅田町

内尾薬師

自然豊かな山中の洞窟で巨大な仏像と出会う

内尾山中央部の鍾乳洞に内尾薬師の本堂がある（殿川ダムより）

東部を周防灘《すおう》に面する苅田《かんだ》町。西側は石灰岩の平尾台に連なり、その一角の内尾山に内尾薬師《やくし》（内尾山宝蔵院相円寺《ほうぞういんそうえんじ》）がある。僧・行基《ぎょうき》作と伝わるご本尊の薬師如来坐像は、高さ3m近くの巨像で、県の文化財に指定されている。境内とその周辺は自然林に囲まれ、近くにある町内最高峰の高城山《たかじょうやま》（419m）とともに県の森林浴百選に選ばれている。

宇原神社

ＪＲ日豊本線「苅田」駅の西口側に

降り、県道254号を南に向かって歩く。「馬場」交差点は右折し西へ。近くにある宇原《うはら》神社には、国指定史跡の石塚山《いしづかやま》古墳から出土した三角縁神獣《さんかくぶちしんじゅう》鏡《きょう》（国指定重要文化財）などが納められている（非公開）。

東九州自動車道の高架下をくぐると上り坂になる。龍王寺を過ぎ、駅から35分程の所に「九州四十九院薬師霊場（第7番札所）」の看板が立つ分岐①（標高70ｍ）がある。右へ行き、殿川《とのかわ》ダムを渡る。マイカーのときはこの辺りに駐車する。ダムの上から苅田港、高城山、石灰岩採石場や、内尾薬師の本堂がある鍾乳洞が見える。冬はダム湖にカモ類が飛来する。

参道入口からダム湖沿いを歩く。シイノキ、タブノキなどの鬱蒼とした自然林で、沿道にはサクラ、カエデ、アジサイなどが植栽され、石像が並んでいる。初夏はホトトギスの鳴く声も耳にする。まもなく石段の急な上り坂になる。周りには県内有数のナンテンの群生地がある。目の前に「針の耳戸」と呼ばれる鍾乳洞が現れ、八大龍王《はちだいりゅうおう》が祀られている。さらに上り詰めると、分岐①から15分程で2つめの鍾乳洞に

左は高城山、右は石灰岩採石場（殿川ダムより）

着く。
　この中に建つ本堂（標高１３０ｍ）に薬師如来が安置されている。いつでも拝観できる。短い洞窟を抜けると野原があり、中央に立つエノキが印象的だ。

左：針の耳戸（１つめの鍾乳洞）
下：２つめの鍾乳洞と本堂

【別ルート】苅田アルプスの高城山に足を運んでみるのもよい。本堂から分岐①まで引き返し、かんだ苑の先の分かれ道を左に上る。大きく蛇行した車道を上っていくと、南原《みなみばる》登山口（標高１９０ｍ）に着く。分岐①から30分程。車のときはここの駐車スペースに止める。殿川ダム、苅田町方面を望める。この先は山道となり、随所に誘導表示も取り付けられている。
　歩き始めてすぐの千本桜を越すと傾斜のある上り坂になる。樹林帯の尾根道を南へ進む。やがて登山口から40分程で高城山の頂上に到着する。山城跡のため平坦で一休みできる。眼の前に周防《すおう》灘、北九州空港を、西に香春岳《かわらだけ》など筑豊地方の山々を見渡すことができる。

【一口メモ】古墳時代前期の前方後円墳では全国屈指の規模といわれる石塚山古墳にも立ち寄りやすい。苅田駅からおよそ2㎞。

50

豊前市

求菩提山の修験場

山伏の足跡を辿り修験の世界を体感する

求菩提山と山麓の田畑（篠瀬橋付近より）

ヒメシャガ
（座主坊園地付近）

豊前市南西の山地に、山腹がふくらんだ怪しげな形の山がそびえている。英彦山《ひこさん》とともに修験道《しゅげんどう》の山として栄えた求菩提山《くぼてさん》（７８２ｍ）だ。「一山五百坊」ともいわれ、山中には山伏たちが修行に励んだ遺構が点在する。国指定の史跡で、平成24（２０１２）年には「求菩提の農村景観」として、国の重要文化的景観にも選定された。また、頂上付近には自然林がよく残る。自然と修験道にまつわる史跡を見学しながら周回する。

国道10号の「豊前市千束《ちづか》」交差点か、東九州自動車道の「豊前」ＩＣから車で県道32号を南西へ向かう。途中、篠《しの》瀬《せ》橋付近から、求菩提山と山麓の風景が望める。18km程走ると座主坊《ざすぼう》園地の駐車場に着く。標高は530m。トイレもある。座主坊とは、山伏の長（座主）の屋敷（坊）のこと。ここから歩き始める。標識や解説板などは要所に

求菩提山山頂（国玉神社上宮）

鬼の石段

設置されている。

石段を上る。5月中旬頃、保護されているヒメシャガの花が目にとまる。豊照《とよてる》神社との分岐は左へ。20分程で分岐①に着く。中宮鳥居をくぐり8分程歩くと、求菩提山護国寺とも呼ばれ、修験道の中核を担った国玉《くにたま》神社中宮がある。

ここから、鬼が求菩提権現との約束で、一晩で築いたと伝わる「鬼の石段」を上る。850段あるとか。20分程で国玉神社上宮がある求菩提山の頂上に達する。

この周辺だけ自然が豊かだ。低地では見かけないカエデの仲間、可憐な花を咲かせるコバノミツバツツジ、とくに常緑のアカガシが多い。

頂上の北側を巻いて尾根道を下る。初夏にはカッコウの仲間たちや、オオルリのさえずりを聞くこともある。15

分程下ると、山伏たちが護摩焚き《ごまだ》をした護摩場跡がある分岐②に着く。
蛇行しながら坂を下る。やがて求菩提五窟の第1窟・大日窟《だいにちくつ》が見える。この先、岩壁を目にしながら坂を下る。普賢《ふげん》の滝、普賢窟、多聞窟《たもんくつ》、吉祥窟《きっしょうくつ》の順に現れる。分岐②から35分程で分岐③に着く。
小石の坂を上り下りする。途中、第5窟の阿弥陀窟《あみだくつ》、夏まで氷を保存していた氷室《ひむろ》がある。分岐③から40分程で、分岐①に戻ってくる。あとは来た道を引き返す。

【別ルート】もっと歩きたい人は求菩提山公共第1駐車場（標高350m）から歩き始めるのもいいだろう。登山口経由で山道を上り、分岐③まで約40分。

【一口メモ】県指定天然記念物のヒメシヤガは絶滅の危機にある。求菩提資料館前の園地などで増殖に努めている。山中に自然の姿が戻ることが期待される。

上：吉祥窟（第4窟）／下：阿弥陀窟（第5窟）

氷室

谷　正之（たに・まさゆき）　　ニックネーム：じゃんぼ
福岡県生まれ。野外教育家、自然案内人、体育学士。1979年より、生涯教育としての野外活動の実践と研究を続ける。現在、体験活動協会FEA 理事長、FEA 体験活動研究所所長。
［著書・連載］『福岡県の低山歩き』上・下、『ぶらり超低山散歩』福岡近郊編・北九州近郊編（海鳥社）／「谷さんの低山歩き50選」、「ふくおか自然巡り」（読売新聞西部本社）／「歩いてみたい福岡の道」、「ふくおかの自然探訪」（西福岡病院）／「大人の山旅」、「大人の遠足」（福岡県市町村職員共済組合）など

体験活動協会 FEA
2001年３月設立。福岡県を中心に、おもに北部九州で事業を展開。人間力と、人と自然と文化のよりよい関係が深まる体験活動の研究・開発・実践に努めている。幅広い年齢層を対象に、年間300回以上の主催事業を開催。
［主な事業］子ども創意工夫塾、夏・秋・冬・春のシーズンキャンプ、親子自然体験、低山歩き教室、障がい児者体験学校、子ども体験活動フェスティバル、福岡鬼ごっこ遊び普及活動、各種講座など。
〒814-0022　福岡市早良区原１-37-21-101
URL　http://fea.fukuoka.jp/
Ｅメール　info@fea.fukuoka.jp

本書は、読売新聞西部本社版において、2019年４月より2020年３月まで連載された「ふくおか自然巡り」に加筆・修正を施したものである。

この景色《けしき》が見《み》たい！　福岡《ふくおか》よくばり散歩《さんぽ》

■

2023年10月１日　第１刷発行

■

著　者　谷　正之
発行者　杉本雅子
発行所　有限会社海鳥社
〒812-0023　福岡市博多区奈良屋町13番４号
電話092(272)0120　FAX092(272)0121
印刷・製本　大村印刷株式会社
ISBN978-4-86656-149-3
http://www.kaichosha-f.co.jp
［定価は表紙カバーに表示］